OUSE MUDAR-SE

CHRIS MALTA

OUSE MUDAR-SE:

DIÁRIO DE COACHING

PRIMAVERA

Editora
LETRAMENTO

Editor:
Gustavo Abreu

Jornalista Responsável:
Igor Costa Oliveira

Projeto gráfico, Diagramação e Revisão:
Nathan Matos

Capa:
Nathan Matos

Este livro foi editado respeitando as novas regras ortográficas.

Dados Internacionais de Catalogação na Publicação (CIP)
Bibliotecária Juliana Farias Motta CRB7- 5880

M261o Malta, Christyano
Ouse mudar-se: primavera - diário de coaching / Christyano Malta. – Belo Horizonte, MG : Letramento, 2015.

228 p. : il color. ; . 22,5 cm.

ISBN: 978-85-68275-26-9
1.Comportamento de ajuda.2. Relações humanas.3. Emoçoes.. 4.Autorrealização 5.Sucesso.6. Felicidade.I. Título. II. Título: primavera - diário de coaching

CDD 158.2

Editora
LETRAMENTO
www.editoraletramento.com.br

Impresso no Brasil.
Printed in Brazil.

SUMÁRIO

PREFÁCIO....13
PÓS-PREFÁCIO....15
INTRODUÇÃO....17
MODO DE OUSAR:....21

DIA 01....26
DIA 02....28
DIA 03....30
DIA 04....32
DIA 05....34
DIA 06....36
DIA 07....38
DIA 08....42
DIA 09....44
DIA 10....46
DIA 11....48
DIA 12....50
DIA 13....52
DIA 14....54
DIA 15....56
DIA 16....58
DIA 17....60
DIA 18....62
DIA 19....65
DIA 20....66
DIA 21....68
DIA 22....70
DIA 23....72
DIA 24....74
DIA 25....76
DIA 26....78
DIA 27....80
DIA 28....82
DIA 29....84
DIA 30....86

DIA 31 88
DIA 32 90
DIA 33 92
DIA 34 94
DIA 35 96
DIA 36 98
DIA 37 100
DIA 38 102
DIA 39 104
DIA 40 106
DIA 41 108
DIA 42 110
DIA 43 112
DIA 44 114
DIA 45 116
DIA 46 118
DIA 47 120
DIA 48 124
DIA 49 126
DIA 50 128
DIA 51 130
DIA 52 132
DIA 53 134
DIA 54 136
DIA 55 138
DIA 56 140
DIA 57 142
DIA 58 144
DIA 59 146
DIA 60 148
DIA 61 150
DIA 62 152
DIA 63 154
DIA 64 156
DIA 65 158
DIA 66 160
DIA 67 162
DIA 68 164
DIA 69 168
DIA 70 170
DIA 71 172
DIA 72 174
DIA 73 176
DIA 74 178

DIA 75 180
DIA 76 182
DIA 77 184
DIA 78 186
DIA 79 188
DIA 80 190
DIA 81 192
DIA 82 194
DIA 83 196
DIA 84 198
DIA 85 200
DIA 86 202
DIA 87 204
DIA 88 206
DIA 89 208
DIA 90 210
DIA 91 212

CONCLUSÃO 215
ANOTAÇÕES 220

HONRO E SOU GRATO ÀS PESSOAS QUE TÊM FEITO MEU SONHO FLORESCER CADA VEZ
MAIS, CUIDANDO DE CADA DETALHE DA MINHA VIDA PROFISSIONAL E PESSOAL.
EM ESPECIAL, AGRADEÇO AO MEU FILHO BERNARDO,
MINHA PRIMEIRA SEMENTE GERMINADA NESSA VIDA,
QUE VEM MUDANDO TODOS OS DIAS MEU SENTIDO DE PRESENÇA E PRESENTE.
À OUSADIA, PALAVRA DETERMINANTE E DETERMINADA PARA MIM.
À LUZ E À PAZ, MUITO PRESENTES NAS PESSOAS QUE ME GUIAM
E ME FAZEM APRENDER.

"SEGUE TEU DESTINO, REGA TUAS PLANTAS, AMA AS TUAS ROSAS.
O RESTO É SOMBRA DE ÁRVORES ALHEIAS."

FERNANDO PESSOA

Um jardim de amor

"Todo jardim começa com uma história de amor. Antes que qualquer árvore seja plantada ou um lago construído, é preciso que eles tenham nascido dentro da alma. Quem não planta jardim por dentro, não planta jardins por fora e nem passeia por eles."

Rubem Alves.

Quando o Chris me convidou para escrever o prefácio do *Ouse Mudar-se: Primavera*, logo respondi:

- Como assim? É sério, Marido Fofo?

Quanta honra! Sempre gostei de escrever, mas expressar-se em palavras não é tarefa fácil. E escrever o prefácio do livro do meu marido é uma tremenda responsabilidade.

Nesta era digital, poucas vezes tive a oportunidade de escrever para o Chris "cartas" ou algo do gênero. Bom, que ótima oportunidade de "sanar" isso, não é mesmo?!

Escrever esse prefácio, hoje, representa para mim um ato de gratidão ao meu marido, ao meu amor. Sendo assim, antes de mais nada, peço licença a vocês para falar um pouquinho sobre o ser humano extraordinário que ele é.

Desconheço alguém que ame mais fazer o bem do que o Chris. Generoso, honroso, divertido, amoroso, doce, com uma capacidade ímpar de me surpreender a cada dia. Sou uma afortunada por ter ao meu lado tamanha generosidade, sabedoria e força.

A nossa história sempre foi mágica e encantadora. Alegrias, sorrisos, felicidades e muitos aprendizados pelo caminho. Hoje, a semente desta história linda que foi plantada nos presenteou com o seu mais precioso fruto: o nosso filho, Bernardo. Um filho tão sonhado, desejado, amado.

Planejar, sonhar, fazer, criar, florescer com amor. O que seria da vida sem essa magia?!

Primavera quer dizer reflorescimento. É justamente isso que o livro *Ouse Mudar-se: Primavera* nos ensina e nos desafia a fazer: buscar dentro de nós mesmos a nossa capacidade de florescer e reflorescer. Em nossas vidas, sempre teremos dias de inverno (tema do livro anterior *Ouse Mudar-se: Inverno*), para, logo depois, sentirmos o sol, o perfume e a vivacidade das cores e das flores. Que delícia sentir o desabrochar de sensações, emoções e sentimentos.

Para muitos, a ideia de que um livro pode mudar suas vidas pode parecer "exagero". Bem, na minha opinião, isso depende muito da maneira como você vive e experimenta os desafios e aprendizados do dia a dia.

O *Ouse Mudar-se: Primavera* propõe que vejamos a vida com novos olhares, novos significados, experimentando novas sensações e buscando novos conhecimentos sobre nós mesmos. E tudo isso com muita simplicidade, magia e poesia. Dentre várias outras coisas, ele nos desafia a encontrar alegria, vivacidade e amor, lá dentro, em nossa essência.

Acredito que se este livro for, de verdade, vivenciado de maneira consciente, momento a momento (como o Chris sempre diz), ele pode, sim, mudar a sua forma de ver o mundo e, principalmente, pode mudar a sua maneira de se ver.

O Diário de Coaching que você tem em mãos foi sonhado, planejado e construído com o maior amor do mundo. Vivam, sintam, reflitam, experimentem cada momento, cada palavra, cada frase deste livro. E, a partir daí, gerem aprendizados.

Valerá a pena!

Orgulho. Amor. Honra. Gratidão.

Amo você, Chris!

Vi/Virgínia Malta

Pedi que ela escrevesse o Prefácio desse livro da série por uma razão específica. No jardim que minha vida se tornou, ela é a flor com a qual converso todos os dias, cuido todos os dias. É a flor que me encanta os sentidos e sentimentos.

É dela que veio o primeiro fruto, Bernardo.

Minha homenagem especial a quem vê minha verdadeira face, ao acordar, ao ser pai e marido, ao ser companheiro, ao trabalhar, ao escrever e ao ir dormir.

Honro e sou grato à minha flor Virgínia.

Chris Malta

Abrindo as janelas

"Here comes the sun".

No livro anterior falei do solstício, o momento do ano em que, a depender do hemisfério, o sol está mais distante. Marca o início do frio, das noites mais longas que os dias, e da reclusão das pessoas em suas casas.

George Harrison canta que foi um longo e solitário inverno, mas ele sente o gelo lentamente derretendo. Parece ter um ano que não aparece no céu, mas é o sol que está chegando. E está tudo bem.

Três meses depois do solstício, o latim nos oferece uma nova palavra. Originária da expressão "noites iguais", o equinócio marca o retorno do equilíbrio entre dia e noite. No hemisfério que acaba de vir do inverno, é esse momento que marca a primavera. Em outras palavras: o sol está voltando para nós.

Nesta série de livros "Ouse Mudar-se", venho trabalhando a sabedoria que existe em cada uma das estações do ano, sabedorias que muito têm a acrescentar com ensinamentos para as estações da vida de cada um de nós.

O outono nos pediu humildade e desapego, para deixar as folhas caírem e entender que aquela era sua missão. O inverno nos obrigou a fechar portas e janelas para o externo e encontrar calor do lado de dentro. Agora você pode abrir as janelas, pois está chegando a primavera. E ela vem nos oferecer luz e o novo do lado de fora.

O inverno foi o momento de olhar para dentro. Achar o que há de mais profundo na sua essência, sua fé e seus valores. Silenciar o frio e o ruído externo encontrando a força e o calor interno, onde está quente. Em última instância, encontrar a si mesmo.

Para isso, foi preciso passar pelo outono. O momento de entender que, como uma velha roupa colorida, todas aquelas folhas (dogmas, egos, adereços e crenças) já não nos servem mais. Para entrar em contato com sua essência no inverno, o outono nos instruiu a não entrar em casa com nada que não precisássemos, deixar do lado de fora tudo aquilo que já não nos pertencesse mais.

Porque todo esse processo de abandonar o velho e entrar em contato com o verdadeiro "eu" tem uma finalidade. É nos preparar para o novo, nos deixar prontos para abandonar círculos viciosos e olhar o mundo com novos olhos e aproveitar as suas novas cores. Em especial, também, dar ao mundo novas pessoas: nós mesmos.

A Estação do Novo

Primavera é o florescer, e isso é um processo que acontece de dentro pra fora. Primeiro, você desapega do velho. Fecha ciclos, aprende com eles e torna isso em sabedoria para sua vida. Depois, você se refaz da solidão. Para dar conta do luto, de fechar seus processos, você abandona o externo para cuidar de si. Ouvir sua essência, entrar em contato com suas coisas importantes, voltar aos seus valores.

É ao final desse caminho que você está pronto para voltar e criar o novo na própria vida. Assim como as plantas possuem o masculino e o feminino em si, dentro de cada um de nós também existem os elementos que combinamos para a criação, para nossa própria reinvenção.

Cada texto meu, que é diário, é um pequeno florescer. É uma flor que nasce. Porque isso representa muito na minha vida. Já passei por bastante inverno, da mesma forma que muitas folhas e muitos galhos grandes e importantes já caíram da minha vida.

E eu segui para florescer, com o trabalho e com o pessoal. Eu vivo a minha primavera, e a vivo intensamente já há algum tempo. Especialmente naquilo que faço, como autor, coach, instrutor, treinador e ser humano do bem.

Pois, primavera é criatividade e, por isso, ela é a estação mais sedutora de todas. A estação que mais nos atrai, que mexe com os cinco sentidos o tempo inteiro. Entendo que criatividade é treino e que somos capazes de alcançar aquilo que queremos. Quando deixamos de viver a vida para viver pela nossa missão em vida, as coisas acontecem. A gente para de correr atrás e as coisas passam a correr em nossa direção.

Ressonância

"A vida é um eco, se você não está gostando do que está recebendo, observe o que está emitindo".

A frase acima é atribuída a Buda, mas, numa pesquisa pela internet, você também a encontra creditada a outras pessoas que a usaram ao longo das décadas. É uma reflexão que diz muito sobre, ora vejam, reflexo.

Penso em outra forma de dizer, aprofundando a ideia com outro jogo de palavras. Uma pessoa, duas, até três podem estar sendo chatas com você. Mas, se todas as pessoas à sua volta estiverem assim, é preciso ter a humildade de se perguntar se o chato não é você.

Algo que gosto de dizer sempre que tenho oportunidade é o seguinte: não concordo, em absoluto, que positivo atrai negativo. Que os opostos se atraiam. Defendo uma ideia de ressonância, de que construímos a vida emitindo vibrações, sinais e energias que reverberam, se espalham e retornam à nós transformadas, mas que são essencialmente parte daquilo que transmitimos.

Acredito, sim, que o desequilíbrio atraia desequilíbrio. Que pessoas positivas podem atrair perfis diferentes, mas não porque os opostos se atraiam, mas porque acontece ao logo da vida de nossas energias ressoarem fora do nosso próprio espectro

Aquilo que se manifesta na suposta atração dos opostos é a sintonia de energias desequilibradas. E esses momentos de desequilíbrio nos acompanham, fazem parte da vida e estão aí para nos ensinar valiosas lições. Verdadeiras aulas sobre quem realmente somos e o que queremos, tanto emitir quanto atrair na vida.

Um convite à mudança

Por isso, eu lhe ofereço esta reflexão: pense nas plantas e nas flores. Depois, pense nos pássaros, insetos e outros animais. Agora pense que, como os primeiros, você também é capaz de transmitir o cheiro e exibir as cores do bem e, assim, atrair os últimos para gerar vida e coisas novos.

Os pássaros não serram as folhas ou galhos verdes, eles pegam os gravetos no chão ou serram as folhinhas secas. Com isso, eles montam o seu ninho ajundando a árvore a se renovar. E os insetos, que espalham o pólen, são importante ferramenta na fecundação e na geração de outras novidades na vida.

Isso sem falar das abelhas. Mas, estas, tenham paciência, merecem e ganharam um capítulo especial neste livro.

É por isso que, ao longo deste **Diário de Coaching**, eu tanto defendo (e sempre defenderei) estas duas ideias: florescer é de dentro para fora e nós atraímos aquilo que damos ao mundo.

Eu acredito que, desenvolvendo a capacidade de enxergar a primavera da vida, nós adquirimos também a capacidade de nos regenerar. E quando a gente consegue fazer isso o tempo inteiro, ao ver o belo na natureza, nos acontecimentos, nas atitudes e nas outras pessoas, nós aprendemos muito.

Aprendemos que uma árvore não desenvolve galhos estilosos ou de curvas bonitas, ela desenvolve o necessário para sua sustentação. Esse é um recado que ficará mais claro à medida em que for lendo este livro. Se formos capazes de enxergar o mundo como a abelha, seremos capazes de aprender com o espinho.

E quando o ser humano tiver a capacidade de entender que os espinhos são parte do aprendizado para se chegar às flores, aí ele terá encontrado sua própria primavera. Aí, será tempo de florescer.

O convite é para que cada um ouse encontrar a sua primavera.

Modo de Ousar

Esse livro foi escrito objetivando grande interação por parte do leitor.

Essa interação consigo mesmo primeiramente e, depois, com o autor através das mídias sociais, do site www.casacoaching.com.br e do canal no Youtube.com/christyanomalta.

A forma encontrada para escrever esse **Modo de Ousar**, bem como do livro foi de acordo com as experiências pessoais do autor e seus processos de mudanças ao longo da sua vida e, especialmente nos últimos anos.

O processo é apenas uma sugestão, um caminho ou um modo de uso.

Desta forma foram gerados diversos resultados e aprendizados para o autor, que culminaram com o processo de escrita dessa série de livros, Ouse Mudar-se.

Além de ser um sonho, o Ouse Mudar-se é nas palavras do autor um meio pelo qual qualquer pessoa pode mudar, transformar, ressignificar ou melhor a própria vida, independente do meio externo ou de pessoas para a obtenção de resultados.

Foi o encontro dele consigo mesmo e, portanto, pode ser seu encontro consigo mesmo.

Do Modo de Ousar

Ao conceber esse livro e a forma de organizá-lo, foram utilizados Quatro **Princípios Básicos**. Esses mesmos princípios são utilizados na vida pessoal e profissional do autor, de forma a gerar maiores aprendizados, melhores caminhos e resultados. São eles:

Princípio da Simplicidade: a forma de escrita é simples e direta, ou seja, deve gerar facilidade de compreensão para que a mente não possa ativar os autosabotadores como sempre faz ou, caso consiga ativá-los, o leitor terá como reverter isso. Daí a forma do livro escrita como Diário de Coaching. Cada dia é um novo começo. Se der certo ou errado em um dia, o dia seguinte é independente e é outro. Pode gerar mais, menos ou nenhum aprendizado e ainda assim estar pronto para começar tudo novamente no dia seguinte.

Princípio da Presença Ativa: a praticidade está na forma de viver o livro. O leitor é chamado a estar presente momento a momento quando estiver em contato com o livro.

O hoje é sempre o dia mais importante e o momento presente é sempre o único momento. O primeiro local de interação é no campo **Objetivo**. Nesse campo, o melhor caminho é que o leitor escreva logo cedo ou na noite anterior o que deseja desenvolver naquele dia, que pode ser colocado em uma palavra, frase ou, como preferir.

Ao final do dia, o leitor é poderá alinhar o que aconteceu, ou seja, pode preencher equilibrando pensamentos, palavras e ações.

Os campos podem (e devem preferencialmente) ser preenchidos diariamente. Se não forem, tudo bem. Todo dia é um novo dia.

Ainda ao final do dia, há o campo da **Gratidão** do dia. Nesse campo, o leitor poderá colocar algo ou alguém ou alguma situação à qual foi mais grato nesse dia. Importante que se trata de um Diário, logo, podem ser escritos quantos agradecimentos desejar.

Há ainda o campo do **Aprendizado**, que funciona da mesma maneira como avaliação ao final do dia, podendo o leitor colocar o que aprendeu. Fica a sugestão do preenchimento após uma breve reflexão e um bom copo de água ou chá.

Por fim, a **Pergunta do Chris** na página ao lado que pode ser ligada ao texto escrito ou algo que valha uma maior reflexão para o desenvolvimento desse Diário.

Princípio da Interação: o livro busca interação entre os leitores e o autor. Sentimentos, pensamentos, experiências, reflexões e insights são super bem-vindos no facebook.com/groups/livroousemudarse/ e no site www.casacoaching.com.br.

O autor adora dizer que "conhecimentos compartilhados geram sabedoria." Dessa forma, quanto mais interação e troca de experiências ligadas ao livro, mais sabedoria poderemos gerar para todos. Além do mais, haverá a oportunidade de manter melhores contatos. Poderão haver eventos privados aos membros da Comunidade via HangOut do Google ou Webinars exclusivos, com convidados ou abertos.

Princípio da Reflexão: a proposta do livro é levar ao leitor reflexões diárias, daí a sua organização. O processo transformacional do autor se deu por inúmeras horas de reflexões e meditações com as mais diversas técnicas de Mindfulness.

Refletir é o caminho de dentro de si mesmo. É silenciar os barulhos do mundo e ouvir o interior do interior de si mesmo. É mostrar a si mesmo, de dentro para fora.

A interação e compartilhamento é, como dito no princípio anterior, a melhor forma de aumentar o nível de aprendizado, sentido e consciência.

É reiterado o convite a compartilhar pois, quando ensinamos e compartilhamos, aprendemos cerca de 90% do que transmitimos.

O ciclo da estação é pessoal, afinal cada pessoa tem sua própria velocidade e tempo de florescimento.

Para gerar maiores aprendizados fica reiterado o convite a refletir e compartilhar pois, quando ensinamos e vemos o real propósito, aprendemos cerca de 90% do que transmitimos. Quanto maior for a participação na sua própria jornada pelo livro, maior será seu **nível de Ousadia**.

Quanto maior o seu nível de ousadia, maiores serão seus aprendizados, aumento de consciência e sabedoria.

Acompanhe os eventos e as pesquisas que ocorrerão ao longo dos próximos meses ligadas ao seu desenvolvimento, utilização desse livro e ao desenvolvimento do que o autor chama de **Florescer pela Ousadia.**

Ouse mudar-se.

O autor.

OUSE
MUDAR-SE

OBJETIVO:

APRENDIZADO:

GRATIDÃO:

OS OLHOS HUMANOS NÃO CAPTAM O AMOR ENTRE A ÁRVORE E SUA FLOR.
É A EXUBERÂNCIA DE UMA VIDA DE SERVIÇOS AO PLANETA SENDO ENTREGUE
COM MAESTRIA E SIMPLICIDADE AO CELEBRAR O MOMENTO DE
TROCA DE APRENDIZADOS, DE AMORES E DE VIDA.
MEU PÓLEN, SEU PÓLEN. MINHA VIDA, SUA VIDA.
É ASSIM QUE A NATUREZA INTEGRA A SEU SISTEMA A LUZ E A PAZ DO CRIADOR.

COM QUE FREQUÊNCIA VOCÊ CONTEMPLA A NATUREZA?

INCLUA SUAS RESPOSTAS NO WWW.CASACOACHING.COM.BR

OBJETIVO:

APRENDIZADO:

GRATIDÃO:

A PAZ SÓ ACONTECE QUANDO ASSUMIMOS A RESPONSABILIDADE DE NÃO MAIS BUSCARMOS O PERFEITO. O PERFEITO SÓ O É AOS OLHOS E RAZÃO DO PERFECCIONISTA. O CORAÇÃO E A ESSÊNCIA NÃO PRECISAM DE PERFEIÇÃO. A PERFEIÇÃO NADA TEM A VER COM A REALIDADE, APENAS COM A IDEALIZAÇÃO. USE MAIS SUA MARGEM DE ERRO. ERRE MAIS E APRENDA A CURTIR ISSO. ERRAR É DELICIOSAMENTE HUMANO. APRENDER COM OS ERROS É DIVINO!

VOCÊ SE PERMITE ERRAR COM AMOR?

INCLUA SUAS RESPOSTAS NO WWW.CASACOACHING.COM.BR

OBJETIVO:

APRENDIZADO:

GRATIDÃO:

A FELICIDADE ESTA SOMENTE ONDE NÃO USUALMENTE BUSCAMOS:
EM NÓS MESMOS. BUSCAMOS NO MUNDO EXTERNO, EM CARROS, VIAGENS,
SHOPPING CENTERS, AMORES, AMIGOS, ETC...
A FELICIDADE AUTÊNTICA ESTÁ DENTRO, NA SUA ESSÊNCIA.
VIAJE MENOS PARA FORA E MAIS PARA DENTRO DE SI MESMO.
POR UM MUNDO COM MAIS VIAGENS EM SI MESMO!

JÁ AGENDOU O PRÓXIMO DIA EM QUE PASSARÁ CURTINDO A SI MESMO E SE DANDO ATENÇÃO COMO FAZ COM OS OUTROS?

INCLUA SUAS RESPOSTAS NO WWW.CASACOACHING.COM.BR

OBJETIVO:

APRENDIZADO:

GRATIDÃO:

AS FLORES TÊM A OUSADIA DE ABRIREM-SE NUM ESPETÁCULO DE FORMAS, CORES, AROMAS E SENSUALIDADE.
TORNAM-SE IRRESISTÍVEIS, POIS ASSIM CUMPREM SEU PAPEL NO SISTEMA EM QUE VIVEM: MULTIPLICAREM AS ÁRVORES E PLANTAS.
POR UMA SEMANA COM MAIS OUSADIA E CORES!

VALE A PENA TER A OUSADIA DE AMAR-SE COM TUDO?! O QUE ESTEVE FALTANDO AGORA VAI SOBRAR:

INCLUA SUAS RESPOSTAS NO WWW.CASACOACHING.COM.BR

OBJETIVO:

APRENDIZADO:

GRATIDÃO:

A RESPONSABILIDADE É SUA E SOMENTE SUA PARA SER O MELHOR QUE VOCÊ PODE SER PARA SI, PARA O PRÓXIMO E PARA O PLANETA. A QUEM ISSO MAIS AFETA E INTERESSA? A VOCÊ MESMO! QUEM SE MELHORA PODE ENTREGAR MAIS AO PRÓXIMO. QUEM SE ACOMODA, ENTREGA SOMENTE ACOMODAÇÃO AO PRÓXIMO.

SUAS ATITUDES CORRESPONDEM AOS SEUS PENSAMENTOS E PALAVRAS?

INCLUA SUAS RESPOSTAS NO WWW.CASACOACHING.COM.BR

OBJETIVO:

APRENDIZADO:

GRATIDÃO:

QUEIRA SEMPRE MUITA ÁGUA! ÁGUA PARA PURIFICAR, PARA BEBER, PARA LIMPAR, PARA MELHORES RELAÇÕES, PARA SORRIR E PARA CHORAR.
ÁGUA QUE NÃO PARA.
ÁGUA VIVA, ÁGUA DA VIDA. SE NÃO HÁ ÁGUA, NÃO HÁ VIDA.
FELICIDADE, QUALIDADE E EMOÇÕES TEM UMA MESMA BASE:
ÁGUA. SEJA FLUIDEZ TOTAL! SEJA ÁGUA EM SUA VIDA.

QUANTOS LITROS DE ÁGUA VOCÊ PLANEJOU E BEBEU HOJE?

INCLUA SUAS RESPOSTAS NO WWW.CASACOACHING.COM.BR

OBJETIVO:

APRENDIZADO:

GRATIDÃO:

A CAPACIDADE DE JULGAR

QUEM NÃO JULGOU HOJE AINDA QUE ATIRE A PRIMEIRA FLOR! I
NCRÍVEL CONSTATAR O QUANTO AS PESSOAS JULGAM AOS OUTROS
E JULGAM-SE. MAIS INCRÍVEL AINDA É CONSTATAR O QUANTO
NÃO SE PREOCUPAM COM A FORÇA DOS PENSAMENTOS.

MUITAS VEZES NA VIDA PRESENCIEI SITUAÇÕES DE GRUPOS OU PESSOAS QUE
JULGAVAM OUTRAS PESSOAS. ACOMPANHEI ASSÉDIOS MORAIS, BULLYINGS,
DIFAMAÇÕES, ENTRE OUTRAS SITUAÇÕES DE JULGAMENTO.
EM TODAS, JULGUEI DE ALGUMA FORMA. JULGUEI QUEM ATIRAVA A PEDRA,
JULGUEI QUEM RECEBIA A PEDRADA.
POR DIVERSAS VEZES, ME SENTI MUITO MAL COM ISSO.

OLHANDO PARA MIM MESMO E AVALIANDO COMO AGI, PERCEBO QUE EVOLUI
BASTANTE. O PROCESSO DE EVOLUÇÃO SE DEU DA SEGUINTE FORMA:
ANTES EU JULGAVA E ACHAVA NORMAL.
COLOCAVA UMA LENTE E VIA A SITUAÇÃO COM A MESMA LENTE
"ATÉ O FIM DA VIDA."

HOJE, PROCURO, ANTES DE JULGAR, BUSCAR VER TUDO QUE PODE HAVER DE
MARAVILHOSO E DIVINO NAQUELA PESSOA.
NINGUÉM NASCE E SOBREVIVE IMPUNEMENTE.
É ALVO DE MUITAS BÊNÇÃOS, CUIDADOS E UMA CHAMA DIVINA.

QUESTÕES RELIGIOSAS À PARTE, ENTENDO QUE CADA UM É UM DEUS EM SI MESMO. ESPIRITUALIDADES EM MOVIMENTO, A SERVIÇO DO BEM.

ERREI MUITO. ERRO MUITO. ERRAREI MUITO. HOJE ERRO MENOS QUE ONTEM. ME ESFORÇO PARA APRENDER, SÓ ASSIM NÃO HÁ REPETIÇÃO. E O AUTO JULGAMENTO? PRESENTE, MAS COM A AUTO COMPAIXÃO AO LADO.

ME VEJO COM AMOR. VEJO MINHAS ATITUDES COM AMOR. ESPECIALMENTE AS ATITUDES E OS ERROS DE ONTEM E DOS OUTROS "ONTENS".
ME VEJO COM NOVAS LENTES. ATUALIZO E MUDO ESSAS LENTES CONSTANTEMENTE, LENTES DE CONSCIÊNCIA E DE ACREDITAR QUE TODOS MUDAMOS.

EU MUDEI. EU MUDO. NOVAS LENTES. NOVA CONSCIÊNCIA.
E QUAL O VERDADEIRO NOME DISSO?
HUMILDADE.
A QUEM ME JULGA, FAÇO UM DESAFIO AO SEU DESENVOLVIMENTO E PROCESSO EVOLUTIVO:
ME VER COM NOVAS LENTES E NOVA CONSCIÊNCIA.
CONTINUAR JULGANDO É O MESMO QUE CONTINUAR NÃO PERDOANDO.
FAZ MAL, GERA ENERGIA RUIM PARA TODOS E
APENAS MOSTRA SUA INCAPACIDADE DE ENXERGAR COM AMOR E COMPAIXÃO.

SE ESCOLHE SER ASSIM, NÃO JULGO. OLHO COM AMOR E COMPAIXÃO. SE ESCOLHE MUDAR, FAÇO QUESTÃO DE PAGAR UM CAFÉ E BATER UM PAPO. LEVAREI BLOQUINHO E CANETA PARA ANOTAR O QUE DEVO APRENDER DO PAPO QUE TIVERMOS, COM HUMILDADE, AMOR E COMPAIXÃO. ASSUMI SER PEQUENO FRENTE A EVOLUÇÃO PARA TER, UM DIA, UMA GRANDE CONSCIÊNCIA.

VALE A PENA EVOLUIR? VALE A PENA AJUDAR A EVOLUIR? VALE A PENA EVOLUIR JUNTO COM OUTRO SER HUMANO? PENSE GRANDE, NÃO SEJA PEQUENO!

INCLUA SUAS RESPOSTAS NO WWW.CASACOACHING.COM.BR

OBJETIVO:

APRENDIZADO:

GRATIDÃO:

AME E INSPIRE. AME E EXPIRE. AME E RESPIRE.
INSPIRAR PESSOAS E AMAR É BEM MAIS QUE UM EXEMPLO,
É UMA MISSÃO.

RESPIRE JUNTO COM ALGUÉM HOJE POR 2 MINUTOS. QUE TAL?

INCLUA SUAS RESPOSTAS NO WWW.CASACOACHING.COM.BR

OBJETIVO:

APRENDIZADO:

GRATIDÃO:

PONHA INTENÇÃO EM SUA AÇÃO. SEM SENTIDO,
NEM MESMO A MELHOR SENSAÇÃO VALE A PENA.
O QUE PENSAMOS, EXPRESSAMOS E FAZEMOS DEVE ESTAR SEMPRE ALINHADO.
ASSIM, GARANTIMOS GRANDES APRENDIZADOS P
OR ESTARMOS VIVENDO NOSSA MISSÃO.

O QUE VOCÊ FARÁ HOJE QUE TE COLOCARÁ MAIS PRÓXIMO DA TUA MISSÃO?

INCLUA SUAS RESPOSTAS NO WWW.CASACOACHING.COM.BR

OBJETIVO:

APRENDIZADO:

GRATIDÃO:

NÃO IMPORTAM FORMAS, CORES E ODORES.
QUANDO SE TRATA DE NATUREZA E PRIMAVERA, TUDO SÃO AMORES.
AMAMOS CADA INSTANTE, CADA DETALHE, CADA MOMENTO.
É O TEMPO DE CUIDAR DO MÍNIMO PARA FAZÊ-LO MÁXIMO.
DO SIMPLES QUE ENTREGA A VIDA, E DA VIDA QUE SE ENTREGA AO SIMPLES.

SE TODAS AS VIDAS DESSE PLANETA FOSSEM REPRESENTADAS NUM PARQUE DE DIVERSÕES, QUAL BRINQUEDO REPRESENTARIA A SUA VIDA?

INCLUA SUAS RESPOSTAS NO WWW.CASACOACHING.COM.BR

OBJETIVO:

APRENDIZADO:

GRATIDÃO:

POR UM MUNDO COM MAIS SEGUNDAS-FEIRAS FELIZES, POSITIVAS E EQUILIBRADAS. COM SEXTAS-FEIRAS DE SENTIMENTO DE DEVER CUMPRIDO, DE ESTAR TRABALHANDO COM SENTIDO E PROPÓSITO. A VERDADEIRA MOTIVAÇÃO VEM DE DENTRO E PRECISA, ANTES, ENCONTRAR O ESPAÇO SAGRADO INTERNO PARA QUE POSSA IR AO MUNDO CUMPRIR O PAPEL DE SER INTEGRAL E APOIAR PESSOAS. HOJE É O DIA DE CENTRAR-SE PARA OBTER OS MELHORES RESULTADOS.

COMO ESTÁ A PAZ DO SEU CORAÇÃO NESSE EXATO MOMENTO?"

INCLUA SUAS RESPOSTAS NO WWW.CASACOACHING.COM.BR

OBJETIVO:

APRENDIZADO:

GRATIDÃO:

MISSÃO É ALGO MAIOR QUE DÁ SENTIDO A CADA PASSO, A CADA RESPIRAÇÃO, A CADA AÇÃO. É O OUSAR PARA RESULTADOS. É O VIVER PARA SERVIR. É COLOCAR A CABEÇA NO TRAVESSEIRO E DAR UM SORRISO. É ESTABELECER QUE RESPONSABILIDADE SIGNIFICA CONECTAR-SE A VALORES COMO RESPEITO, COMPROMISSO, CONFIANÇA E HONESTIDADE, OS QUAIS CHAMAMOS DE VALORES UNIVERSAIS. AUTORRESPONSÁVEL É AQUELE QUE É UNIVERSAL EM SI MESMO. QUANDO JÁ ESTAMOS NO CAMINHO DA MISSÃO, TUDO PASSA A TER UM SENTIDO MAIOR, ASSIM COMO AS RESPONSABILIDADES.

INCLUA SUAS RESPOSTAS NO WWW.CASACOACHING.COM.BR

OBJETIVO:

____

____

____

APRENDIZADO:

____

____

____

GRATIDÃO:

____

____

____

APRENDIZADO SÓ TEM VALOR, NÃO CUSTO. AINDA QUE DOA,
SEJA CHATO OU REPRESENTE TRISTEZA, VALE A PENA APRENDER SEMPRE.
APRENDA A APRENDER COM CADA SITUAÇÃO
E SERÁ MESTRE DA SUA PRÓPRIA VIDA.
AFINAL, QUEM NÃO APRENDE, REPETE.

VOCÊ REPETE ALGUM TIPO DE CICLO EM SUA VIDA? O QUE PRECISA APRENDER COM ESSAS REPETIÇÕES PARA QUE ELAS PAREM DE ACONTECER?

INCLUA SUAS RESPOSTAS NO WWW.CASACOACHING.COM.BR

OBJETIVO:

APRENDIZADO:

GRATIDÃO:

PARE DE PENSAR NO QUE TEVE, NO QUE GANHOU, NO QUE PERDEU, EM QUEM FOI E EM QUEM SE FOI DA SUA VIDA. PARE DE PENSAR EM COMO PODERÁ SER OU COMO SERÁ. PARA CONTROLAR NOSTALGIA, DEPRESSÃO, ANGÚSTIA E ANSIEDADE, NÃO HÁ NADA MELHOR QUE VIVER O MOMENTO PRESENTE. ELAS SÓ SOBREVIVEM AOS SEUS PENSAMENTOS LIGADOS AO PASSADO OU AO FUTURO.
QUANDO SE VIVE O MOMENTO PRESENTE, O PENSAMENTO NÃO FICA NO PASSADO OU FUTURO, SOMENTE NO PRESENTE. PENSE QUE A ÚNICA ALTERNATIVA DE VIDA QUE VOCÊ TEM É DE VIVER CONSCIENTEMENTE. E, PARA ISSO, SÓ PODE VIVER NO AGORA.
LEMBRE-SE, AINDA, QUE A RESPONSABILIDADE DE VIVER O PRESENTE É O TOPO DA AUTORRESPONSABILIDADE E DE HONRAR QUEM VOCÊ SERÁ.
SEU FUTURO ACONTECERÁ DE ACORDO COM O MODO QUE VIVER HOJE.

QUE TAL VIVER AS PRÓXIMAS 24 HORAS INTENSA E PROFUNDAMENTE NO PRESENTE?

INCLUA SUAS RESPOSTAS NO WWW.CASACOACHING.COM.BR

OBJETIVO:

APRENDIZADO:

GRATIDÃO:

A PAZ DO AMOR É ALGO INCRÍVEL.A PAZ DO AMOR PRÓPRIO,
MAIOR AINDA.ANTES DE AMAR, DEVEMOS NOS AMAR.
QUEM AMA SEM AMAR, PERDE O MELHOR DA HISTÓRIA: A PRÓPRIA PARTE.

QUE TAL COMPRAR UMA FLOR PARA SI MESMO HOJE?

INCLUA SUAS RESPOSTAS NO WWW.CASACOACHING.COM.BR

OBJETIVO:

____

____

____

APRENDIZADO:

____

____

____

GRATIDÃO:

____

____

____

ESCOLHA SER GRANDE!
TRABALHE A CRIANÇA INTERIOR COM MAIOR CAPACIDADE DE ENTREGA.
BRINQUE, DIVIRTA-SE, FIQUE SUJO DE TANTO SER VOCÊ.
ROLE NO CHÃO, DÊ CAMBALHOTAS, FAÇA BIRRA,
COMA DOCE, BALA E SORVETE, E SUJE TODO O ROSTO.
MOSTRE A LÍNGUA, PUXE A SAIA DA SUA AVÓ, BELISQUE SEU IRMÃO,
CHEQUE AO FINAL DO DIA DE MANEIRA TÃO INTENSA
QUE AMANHÃ VOCÊ DESEJARÁ TER ESSA MESMA CRIANÇA MAIS
E MAIS TEMPO COM VOCÊ.
SER CRIANÇA NA PRIMAVERA REPRESENTA RECOMEÇAR.
PORQUE, NO FIM, O QUE VALE MESMO É QUANTAS VEZES
VOCÊ RECOMEÇOU COM MAESTRIA.

QUAL O NOME DA PESSOA QUE VOCÊ ESCOLHE PARA BRINCAR COM VOCÊ HOJE?

INCLUA SUAS RESPOSTAS NO WWW.CASACOACHING.COM.BR

OBJETIVO:

___

___

___

APRENDIZADO:

___

___

___

GRATIDÃO:

___

___

___

LUZ E VENTO PODEM TRAZER PARA PERTO
O QUE VOCÊ REALMENTE PRECISA PARA SER FELIZ,
COMO TAMBÉM PODEM LEVAR PARA LONGE AQUELAS COISAS
QUE APENAS TE FAZEM SOFRER. EM AMBOS OS CASOS,
PODE-SE TER APRENDIZADOS.
PARA QUE OS APRENDIZADOS SEJAM INCRÍVEIS:
AUTORRESPONSABILIDADE, AMOR E GRATIDÃO.

QUAL HABILIDADE VOCÊ PRECISA DESENVOLVER EM SUA VIDA AGORA PARA CHEGAR A MELHORES RESULTADOS?

INCLUA SUAS RESPOSTAS NO WWW.CASACOACHING.COM.BR

OBJETIVO:

APRENDIZADO:

GRATIDÃO:

VÁ NA CONSCIÊNCIA!
É LÁ QUE A GENTE CRESCE, FORTALECE E APRENDE
PARA NÃO MAIS ESQUECER.
O MAIS GOSTOSO NÃO É TER FORÇA PARA CHEGAR
ONDE QUEREMOS, E SIM TERMOS UM DESEJO INCRÍVEL
DE CHEGAR LÁ FELIZES E COM TODAS AS PESSOAS QUE PODEMOS.

QUAL FLOR MAIS TE ENCANTA OS OLHOS? POR QUE?

INCLUA SUAS RESPOSTAS NO WWW.CASACOACHING.COM.BR

OBJETIVO:

APRENDIZADO:

GRATIDÃO:

FELIZ É QUEM APRESENTA SUA LEVEZA E FLUIDEZ
EM BENEFÍCIO DE SI E DO PRÓXIMO.
AO MUDAR SEU MUNDO, VOCÊ MUDA O MUNDO DO OUTRO
E NOSSO MUNDO JUNTO. SEJA LEVE. SEJA FLUIDO. SEJA INCRÍVEL!

SEU SORRISO ABRE PORTAS? INCLUSIVE AS DA ALMA?

INCLUA SUAS RESPOSTAS NO WWW.CASACOACHING.COM.BR

OBJETIVO:

APRENDIZADO:

GRATIDÃO:

SÓ VÊ O BELO QUEM TEM, DE FATO, AMOR NO CORAÇÃO.
QUANDO O AMOR SOBREPÕE ÀS BARREIRAS E CRENÇAS,
SOMOS CAPAZES DE CONTEMPLAR, HONRAR E NOS EMOCIONAR
COM O SIMPLES E COM A NATUREZA.
RECONHECER A BELEZA NOS FAZ MAIS PRÓXIMOS DA BONDADE
DESSE PLANETA E MAIS EM COMUNHÃO COM OS DEMAIS SERES.

O QUE VOCÊ TEM A APRENDER COM A NATUREZA HOJE? COMENTE.

OBJETIVO:

APRENDIZADO:

GRATIDÃO:

SORRIA MAIS E RECLAME MENOS. POSITIVO É SER ALEGRE, SER SORRIDENTE, SER O BEM DE DENTRO PARA FORA. POR UM MUNDO MAIS BOCAS ABERTAS E GARGALHADAS E MENOS "MIMIMIS" E "BLÁBLÁBLÁS".

QUAL FOI A ÚLTIMA VEZ QUE VOCÊ PASSOU O DIA SORRINDO PARA DESCONHECIDOS?

INCLUA SUAS RESPOSTAS NO WWW.CASACOACHING.COM.BR

OBJETIVO:

APRENDIZADO:

GRATIDÃO:

CONHEÇO PESSOAS QUE IRIAM ATÉ ONDE
NÃO PUDESSEM PARA BUSCAR A QUEM AMAM.
CONHEÇO TAMBÉM PESSOAS
QUE NÃO FARIAM A MESMA COISA POR SI MESMAS.
POR INCRÍVEL QUE PAREÇA, MESMO SENDO SUPER NOBRE
APOIAR AO PRÓXIMO, É IMPORTANTE QUE A PRIMEIRA AJUDA SEJA A SI MESMO,
POIS, QUANTO MELHOR SOMOS, MELHOR PODEMOS SERVIR.
QUANTO MAIS NOS AMAMOS, MAIS PODEMOS AMAR.
POIS AMAR É RESGATAR O AMOR EM SI E NO OUTRO.

DESCREVA COMO SERIA ABRAÇAR A SI MESMO EM NO MÍNIMO 3 LINHAS. O QUE SENTE, COMO FAZ, COMO SEU CORPO E CORAÇÃO REAGEM?

INCLUA SUAS RESPOSTAS NO WWW.CASACOACHING.COM.BR

OBJETIVO:

APRENDIZADO:

GRATIDÃO:

DE QUE ADIANTA UM CAMINHO SEM SABER CAMINHAR?
E DE QUE ADIANTA SABER CAMINHAR SE NÃO SE TEM UM CAMINHO?
QUER SABER?! PEGUE SUA ESTRADA, CONCENTRE NA SUA RESPIRAÇÃO
E DEIXE QUE AS ESTRELAS TE GUIEM ORIENTADAS À SUA ESTRELA GUIA.
MAIS IMPORTANTE QUE O PRIMEIRO PASSO SÃO OS "SEGUNDOS PASSOS".
DEIXE DE SER BEM INTENCIONADO APENAS
E PASSE A SER UM SER "BEM REALIZADO.

VOCÊ SABER RESPIRAR USANDO SEU DIAFRAGMA? PRATIQUE ENCHER COMPLETAMENTE SEU DIAFRAGMA EM 21 RESPIRAÇÕES CONSECUTIVAS.

INCLUA SUAS RESPOSTAS NO WWW.CASACOACHING.COM.BR

OBJETIVO:

APRENDIZADO:

GRATIDÃO:

DESISTA DE SER SÉRIO E ADULTO. SEJA SÁBIO E CRIANÇA.
PORQUE A DIVERSÃO É O QUE TE FAZ QUERER ACORDAR E BRINCAR DE SER GENTE,
AO INVÉS DE SER GENTE E VIVER A VIDA SONHANDO EM NÃO ACORDAR.

QUAL O SEU SONHO DE CRIANÇA QUE VOCÊ MAIS CURTIA E PAROU DE SONHAR FAZ TEMPO?

INCLUA SUAS RESPOSTAS NO WWW.CASACOACHING.COM.BR

OBJETIVO:

APRENDIZADO:

GRATIDÃO:

DE ESSÊNCIA PARA ESSÊNCIA TORNA-SE UM SIMPLES RIO
NUMA FONTE INESGOTÁVEL DE AMOR E CUMPLICIDADE.
O AMOR NOS LEVA ATRAVÉS DA ÁGUA A LUGARES
QUE NEM MESMO UM CORAÇÃO DE PEDRA CONSEGUE SUPORTAR.
SOMENTE ÁGUA VENCE A PEDRA.

RESPONDA COM BASE NO REAL E NÃO NO IDEAL. NUMA ESCALA DE 0 A 10, QUANTO VOCÊ SE ENTREGA A TAREFA DE CUIDAR DO AMOR E DO AMAR A SI MESMO ATUALMENTE?

INCLUA SUAS RESPOSTAS NO WWW.CASACOACHING.COM.BR

OBJETIVO:

APRENDIZADO:

GRATIDÃO:

IMPOSSÍVEL DE VER, FÁCIL DE SENTIR E OUVIR QUANDO A MENTE SE CALA.
O VERDADEIRO PARAÍSO ESTÁ DENTRO.
BUSQUE IR EM SUA ESSÊNCIA E PERCEBERÁ QUE VOCÊ TEM
DENTRO DE SI
UM CÉU CHEIO DE ESTRELAS.
OLHE E SINTA SEU MUNDO INTERNO.

VALE A PENA APRENDER SOBRE TÉCNICAS DE MEDITAÇÃO, RELAXAMENTO E CONCENTRAÇÃO?

INCLUA SUAS RESPOSTAS NO WWW.CASACOACHING.COM.BR

OBJETIVO:

APRENDIZADO:

GRATIDÃO:

PENSE MENOS COM SEU LADO EGOÍSTA E MAIS COM SEU LADO ALTRUÍSTA.
A FELICIDADE VEM DO ENTENDIMENTO QUE EM CADA MOMENTO ESCOLHEMOS.
COMO AGIREMOS OU REAGIREMOS AOS APRENDIZADOS APRESENTADOS PELA VIDA.
MALTRATAR UM CORAÇÃO, AINDA QUE SEJA O SEU PRÓPRIO,
É UM CRIME PUNIDO COM PENA DE INCONSCIÊNCIA E RETROCESSO.
CRESÇA, EVOLUA, DESENVOLVA SEU LADO LUZ.
GERE MAIS AMOR QUE DOR. EIS O SENTIDO DA VIDA.

VOCÊ JÁ FEZ OU FAZ ALGUM TRABALHO VOLUNTÁRIO? SE NÃO, QUANDO VALE A PENA COMEÇAR?

INCLUA SUAS RESPOSTAS NO WWW.CASACOACHING.COM.BR

OBJETIVO:

APRENDIZADO:

GRATIDÃO:

VALE A PENA SER "GRANDE" OU SER CONSCIENTE?
CONSCIÊNCIA MOMENTO A MOMENTO TE FAZ ACESSAR
OS MAIORES ENSINAMENTOS, TER E GERAR GRANDES APRENDIZADOS.
INCONSCIÊNCIA TE FAZ CAIR NO DOMÍNIO DO EGO
E SIMPLESMENTE PERDER O QUE JÁ FOI APRENDIDO.
PESSOAS INCONSCIENTES OUVEM PELO EGO E NÃO VEEM.
SEJA DO TAMANHO DOS SEUS SONHOS E MAIOR QUE SUA IMAGINAÇÃO.
ESQUEÇA OS LIMITES IMPOSTOS PELO EGO.
VIVA SUA VIDA DE MANEIRA ESSENCIAL.

QUAIS CORES MAIS TE SALTAM AOS OLHOS? ANOTE QUANTAS VEZES VIR ESSAS CORES HOJE.

INCLUA SUAS RESPOSTAS NO WWW.CASACOACHING.COM.BR

OBJETIVO:

APRENDIZADO:

GRATIDÃO:

POR UM MUNDO MAIS POSITIVO E DIVERTIDO.
A SEGUNDA MAIOR DOR QUE PODE HAVER É CHEGAR
A CONCLUSÃO QUE VOCÊ VIVEU UMA VIDA INTEIRA SEM SORRIR.
E A PRIMEIRA?
SABER DISSO AINDA NO MEIO DA VIDA
E NÃO FAZER NADA PARA COMEÇAR A RIR INTENSA
E DIVERTIDAMENTE.
SORRIR CRIA PONTES ENTRE CAMINHOS E SONHOS.

ESCOLHA TRÊS PESSOAS PARA ELOGIAR VERDADEIRAMENTE HOJE E PELOS PRÓXIMOS 7 DIAS.
QUAIS RESULTADOS IMAGINA TER?

INCLUA SUAS RESPOSTAS NO WWW.CASACOACHING.COM.BR

OBJETIVO:

APRENDIZADO:

GRATIDÃO:

PESSOAS DEVERIAM TER O COMPROMISSO DE SENTIR MAIS QUE ENTENDER,
QUER SEJAM COISAS, PESSOAS OU SITUAÇÕES DA VIDA.
VIVE MAIS E MELHOR QUEM SENTE MAIS.
PARE DE PENSAR E PASSE A SENTIR.
TODA VEZ QUE O CORAÇÃO ORIENTA,
TOMAMOS DECISÕES A PARTIR DE NOSSAS ESSÊNCIAS
E COM GRAU MÁXIMO DE CONSCIÊNCIA.

PRATIQUE POR 3 VEZES HOJE: PARAR E RESPIRAR LENTA E PROFUNDAMENTE POR 5 MINUTOS CADA VEZ. ANOTE SUAS SENSAÇÕES E ESTADOS EM CADA VEZ.

INCLUA SUAS RESPOSTAS NO WWW.CASACOACHING.COM.BR

OBJETIVO:

APRENDIZADO:

GRATIDÃO:

SILENCIE SUAS PALAVRAS E A SABEDORIA INTERNA APARECERÁ.
MAIS IMPORTANTE QUE O QUE VOCÊ DIZ DE SI,
É O QUE OUVE DE SI MESMO QUANDO ESTÁ NO SEU ESPAÇO SAGRADO INTERNO.

COM QUE FREQUÊNCIA VOCÊ PERDE A CONCENTRAÇÃO NO QUE ESTA FAZENDO OU LENDO? SABE MELHORAR SUA CAPACIDADE DE SE CONCENTRAR?

INCLUA SUAS RESPOSTAS NO WWW.CASACOACHING.COM.BR

OBJETIVO:

APRENDIZADO:

GRATIDÃO:

BUSQUE SER SEU MELHOR POR UM MINUTO, SOMENTE POR UM MINUTO.
SE ACHAR QUE VALEU A PENA, RENOVE ISSO A CADA MINUTO.
CONTRATE-SE POR MINUTO E TERÁ UMA VIDA DE RESULTADOS
E FELICIDADES PESSOAIS, EMOCIONAIS, RELACIONAIS E PROFISSIONAIS.

QUANTO VALERIA MELHORAR SUAS RELAÇÕES E CAPACIDADE DE APRENDER COM ELAS?

INCLUA SUAS RESPOSTAS NO WWW.CASACOACHING.COM.BR

OBJETIVO:

APRENDIZADO:

GRATIDÃO:

POSITIVO ATRAI POSITIVO. BUSQUE ONDE TIVER QUE BUSCAR A POSITIVIDADE.
LEMBRE-SE DE, AO ENCONTRÁ-LA, CONECTAR COM SUA POSITIVIDADE INTERNA.
EM EQUILÍBRIO, TODOS PODEMOS SER EQUILIBRADOS E ESTARMOS POSITIVOS.
EM DESEQUILÍBRIO, TODOS PODEMOS SER POSITIVOS OU NEGATIVOS.

VOCÊ TEM ATRAÍDO MAIS PESSOAS E SITUAÇÕES POSITIVAS OU NEGATIVAS PARA A SUA VIDA?

INCLUA SUAS RESPOSTAS NO WWW.CASACOACHING.COM.BR

OBJETIVO:

APRENDIZADO:

GRATIDÃO:

CONFIE NO SILÊNCIO.
ASSUMA SILENCIAR-SE.
OUÇA QUANDO ESTIVER PRONTO.
MEDITE.

ANOTE OS 3 PENSAMENTOS MAIS RECORRENTES DO SEU DIA.
O QUE DEVE APRENDER COM ELES?

INCLUA SUAS RESPOSTAS NO WWW.CASACOACHING.COM.BR

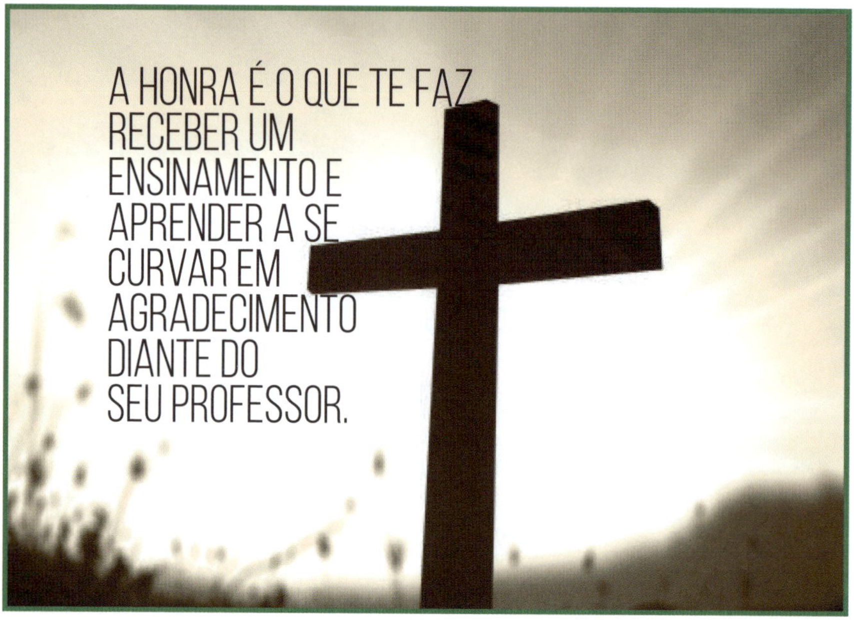

OBJETIVO:

APRENDIZADO:

GRATIDÃO:

OBRIGADO, OBRIGADO, OBRIGADO. HONRE A TODOS QUE TE FAZEM APRENDER E EVOLUIR, INDEPENDENTE DO SEU EGO SENTIR DOR OU PRAZER. É COM APRENDIZADO QUE CRESCEMOS, NÃO COM NEGAÇÕES. DUVIDE E TESTE. TESTE E DUVIDE. RESULTADOS: APRENDIZADO E EVOLUÇÃO.

ENCONTRE E LIGUE PARA UM PROFESSOR QUE TENHA TIDO. OUÇA-O, CONTE UM POUCO DA SUA EVOLUÇÃO E FAÇA-LHE UM ELOGIO, MOSTRANDO A INFLUÊNCIA DELE NA SUA VIDA HOJE.

INCLUA SUAS RESPOSTAS NO WWW.CASACOACHING.COM.BR

OBJETIVO:

APRENDIZADO:

GRATIDÃO:

O GRAU DE CONSCIÊNCIA É O QUE DETERMINA
VERDADEIRAMENTE AS AÇÕES
E REAÇÕES DAS PESSOAS.
AUMENTAR A CONSCIÊNCIA
CAUSA IMPACTO DIRETO EM MELHORES EMOÇÕES E SENSAÇÕES.
NÃO É O QUE SE FAZ QUE DETERMINA QUEM SE É,
E SIM O NÍVEL DE CONSCIÊNCIA NAS COISAS QUE SE FAZ.

VOCÊ GERALMENTE APRENDE MAIS QUANDO ESTÁ SOFRENDO OU QUANDO ESTÁ FELIZ?

OBJETIVO:

APRENDIZADO:

GRATIDÃO:

SABE É QUE É UM PONTINHO DE LUZ EM CIMA DO SEU CORAÇÃO?
O SORRISO DA SUA ESSÊNCIA RETRIBUINDO SEU GRANDE AMOR POR ELA.

IMAGINE-SE COM 100 ANOS DE IDADE E ESCREVA 5 LINHAS AGRADECENDO A SI MESMO PELA GRANDE VIDA DE AMOR E POSITIVIDADE QUE TEVE. ME CONTE SUAS SENSAÇÕES.

INCLUA SUAS RESPOSTAS NO WWW.CASACOACHING.COM.BR

OBJETIVO:

APRENDIZADO:

GRATIDÃO:

A FLOR ENCANTA A ABELHA QUE RETRIBUI COM UM BALLET AÉREO.
A ABELHA MOVE-SE SUAVEMENTE POR CADA PÉTALA, POR CADA COROLA
E CÁLICE, FAZENDO O MILAGRE DA TROCA DO MASCULINO
E FEMININO PARA QUE AS FLORES GERMINEM.
ESSA TROCA É PERFEITA, É DIVINA.
COMO IMAGINAR QUE TANTA SUAVIDADE
PODE REPRESENTAR A VIDA DO PLANETA?

QUANDO FOI A ÚLTIMA VEZ QUE DANÇOU COM ALGUÉM?
DANCE NOVAMENTE NOS PRÓXIMOS 7 DIAS.

INCLUA SUAS RESPOSTAS NO WWW.CASACOACHING.COM.BR

OBJETIVO:

APRENDIZADO:

GRATIDÃO:

NÃO SÃO BATALHAS E GUERRAS E SIM ABRAÇOS
E ENTENDIMENTOS QUE CRIAM A VERDADEIRA COMPREENSÃO DA EVOLUÇÃO.
NÃO IMPORTA QUEM VOCÊ SEJA, O QUE REALMENTE IMPORTA
É O QUANTO VOCÊ QUER SER MELHOR PARA SI
E PARA QUE POSSA APOIAR AO PRÓXIMO.
O CAMINHO PARA SER MELHOR TE LEVA AO SEU CÉU.
O CÉU INTERNO.

COMO VOCÊ PODE ENTREGAR SUA LUZ A ALGUÉM QUE PRECISE HOJE?

INCLUA SUAS RESPOSTAS NO WWW.CASACOACHING.COM.BR

OBJETIVO:

APRENDIZADO:

GRATIDÃO:

CORDA BAMBA É PARA OS FRACOS.
OS FORTES MANTÊM O EQUILÍBRIO INDEPENDENTE DE SITUAÇÕES DE CALOR
OU PRESSÃO EXTREMA EM SUAS VIDAS.
O CAMINHO DE DENTRO LIVRA DAS REAÇÕES
E DECISÕES TOMADAS COM BASE NO EGO
E NOS COMPORTAMENTOS DETERMINADOS PELA SOCIEDADE.
É DENTRO QUE SE CONSTRÓI E RECONSTRÓI O EQUILÍBRIO.

QUE TAL A PRÁTICA DE ESPERAR 2 SEGUNDOS ANTES DE RESPONDER AS PESSOAS PARA EVITAR SER APENAS REATIVO?

INCLUA SUAS RESPOSTAS NO WWW.CASACOACHING.COM.BR

OBJETIVO:

APRENDIZADO:

GRATIDÃO:

CAMINHAR POR UM VALE CONHECIDO É FÁCIL.
O DESAFIO ESTÁ EM CAMINHAR ONDE NÃO SE CONHECE.
MAS O MAIOR DESAFIO ESTÁ EM VER A AMBOS OS CAMINHOS COMO GRANDES OPORTUNIDADES DE ELEVAR A CONSCIÊNCIA E APRENDER LIVREMENTE.
PENSAMENTO LIVRE E POSITIVO ENGRANDECE A ALMA.

QUAL PERÍODO DO SEU DIA VOCÊ ENFRENTA A MAIOR QUANTIDADE DE DESAFIOS NORMALMENTE? COMO AVALIA ISSO?

INCLUA SUAS RESPOSTAS NO WWW.CASACOACHING.COM.BR

OBJETIVO:

APRENDIZADO:

GRATIDÃO:

PRISIONEIRO É TODO AQUELE QUE NÃO SABE QUE VIVE PRESO
ÀS FORMAS ANTERIORMENTE CONCEBIDAS DE VER O MUNDO.
VER ALGO, JULGAR COM BASE NAS EMOÇÕES ANTERIORES
E INTERPRETAR COMO QUISER NOS FAZ FICAR ESTAGNADOS.
PERMITA-SE MUDAR A FORMA DE VER. O NOVO FAZ BEM.

O QUE PRECISA SER MUDADO EM SUA VIDA NESSE INSTANTE PARA QUE VOCÊ PARE DE VER SEUS MAIORES DESAFIOS APENAS COMO PROBLEMAS E PASSE A VÊ-LOS COMO OPORTUNIDADES DE CRESCIMENTO E APRENDIZADO?

INCLUA SUAS RESPOSTAS NO WWW.CASACOACHING.COM.BR

OBJETIVO:

APRENDIZADO:

GRATIDÃO:

E SE ERRAR?
VALEU COMO APRENDIZADO.
E SE APRENDER?
VALEU COMO EXPERIÊNCIA.
E SE EXPERIENCIAR?
VALEU COMO POSSIBILIDADE DE GERAR SABEDORIA.
E SE CRIAR A SABEDORIA?
REPRESENTARÁ UMA VIDA COM SENTIDO, PROPÓSITO
E CAPACIDADE DE ENSINAR AOS DEMAIS.

QUER ESTAR MENOS CANSADO AO FINAL DO DIA? CONCENTRE-SE EM SUA RESPIRAÇÃO DURANTE O MÁXIMO DE TEMPO QUE CONSEGUIR HOJE, COLOCANDO O FOCO NO CENTRO DO SEU PEITO. ME CONTE OS RESULTADOS.

INCLUA SUAS RESPOSTAS NO WWW.CASACOACHING.COM.BR

OBJETIVO:

APRENDIZADO:

GRATIDÃO:

A SEGUNDA MAIOR PROVA DE AMOR
QUE ALGUÉM PODE DAR A SI MESMO
É REFLETIR SOBRE O QUE PRECISA,
O QUE PODE E O QUE DEVE SER MUDADO EM SUA VIDA.
A MAIOR PROVA É MUDAR.

O QUE VOCÊ MAIS QUER MUDAR EM SUA VIDA NESSE MOMENTO? FAÇA UMA LISTA COM O QUE VOCÊ GANHA E O QUE PERDE SE CONSEGUIR MUDAR ISSO. APÓS, FAÇA UMA LISTA COM O QUE VOCÊ GANHA E PERDE SE NÃO MUDAR. COMPARE E DECIDA.

INCLUA SUAS RESPOSTAS NO WWW.CASACOACHING.COM.BR

OBJETIVO:

APRENDIZADO:

GRATIDÃO:

EU ME AMO. EU TE AMO. EU NOS AMO. EU VOS AMO. EU OS AMO.
QUANDO É A HORA DE SABER QUE O AMOR
E O AMAR SÃO FUNDAMENTAIS
PARA QUE POSSAMOS ALCANÇAR NOSSA FELICIDADE AUTÊNTICA?!
ANTES DE AMAR ALGUÉM, AMA-SE A SI MESMO INTENSA E SANAMENTE.

QUAL O MAIOR GESTO DE AMOR QUE VOCÊ JÁ FEZ POR SI MESMO?

INCLUA SUAS RESPOSTAS NO WWW.CASACOACHING.COM.BR

OBJETIVO:

APRENDIZADO:

GRATIDÃO:

RESPOSTAS, NÃO QUEIRA MAIS.
PERGUNTAS, QUEIRA SEMPRE.
INDEPENDENTE DOS RESULTADOS, O
APRENDIZADO É BEM MAIOR COM PERGUNTAS
DO QUE COM RESPOSTAS.
DIFÍCIL É TER HUMILDADE
E CONSCIÊNCIA
PARA ACEITAR QUE LIMITES SE EXPANDEM.

QUAL A PERGUNTA MAIS DESCONCERTANTE QUE JÁ TE FIZERAM?

INCLUA SUAS RESPOSTAS NO WWW.CASACOACHING.COM.BR

OBJETIVO:

APRENDIZADO:

GRATIDÃO:

A ONDA QUE QUEBRA

DEFINIÇÕES, JULGAMENTOS, INTERPRETAÇÕES, PERFEIÇÕES, CONCEITOS.
SOMOS SERES DIFERENTES. IMAGINE A SEGUINTE CENA:

UM CARANGUEJO NA PRAIA A DOIS PALMOS DA SUA "TOCA".
ELE OLHA PRO LADO E PERCEBE QUE
VEM OUTRO CARANGUEJO DE LONGE EM SUA DIREÇÃO.
ELE OBSERVA E PENSA:
"ESSE CARA É UM CHATO E GROSSO, VEM ME PEDIR ALGUMA COISA,
POIS NÃO SABE SE ORGANIZAR E ESTÁ SEMPRE PRECISANDO
QUE EU FAÇA ALGO POR ELE."

CARANGUEJO NÃO PENSA, AGE POR INSTINTO
E SEU PRIMEIRO MOVIMENTO NATURAL SERIA DE DEFENDER SUA TOCA.
PORÉM, ELE O FAZ POR SI E SUA NATUREZA DE CARANGUEJO,
NÃO POR INTERPRETAR, JULGAR, DEFINIR OU JULGAR
O QUE OUTRO CARANGUEJO FARÁ.

NO MEIO DISSO TUDO, QUERO FAZER PERGUNTAS:
SOMOS CARANGUEJOS?
QUEM SOMOS NÓS PARA SABERMOS O QUE IRÁ OCORRER EM NOSSAS VIDAS?
QUEM SOMOS PARA DETERMINAR
O QUE O OUTRO VEM OFERECER OU PEDIR ANTES DE OUVI-LO?

POIS BEM, PERCEBI NO DIA A DIA QUE SEMPRE QUE PESSOAS COMEÇAM A JULGAR,
TENDEM A SAIR DO COMANDO DA PRÓPRIA VIDA.

PASSAM A VER NOS PROBLEMAS
E DEFEITOS DO OUTRO UM REMÉDIO
OU ANESTESIA PARA SEUS PRÓPRIOS PROBLEMAS.

É MAIS FÁCIL JULGAR E APONTAR QUE OLHAR PARA DENTRO.

JÁ FUI ASSIM. EXTREMAMENTE CRÍTICO E, POR DIVERSAS VEZES, BEM CHATO.
DECIDI MUDAR, POIS NÃO CONSEGUIA ENCONTRAR O QUE BUSCAVA:
PAZ.
BEM, FATO É QUE A MUDANÇA OCORREU DE VÁRIAS MANEIRAS,
SEGUNDO VÁRIAS PESSOAS.

MAS, O QUE FAZER PARA DEIXAR DE SER A PESSOA QUE JULGA O TEMPO TODO, A PESSOA QUE APONTA ERROS PARA NÃO VER OS PRÓPRIOS ERROS?
RESPONDO: HUMILDADE, PERSEVERANÇA E AMOR PRÓPRIO.
ESSES INGREDIENTES PODEM SER ENCONTRADOS EM SI MESMO,
DENTRO DE CADA UM DE NÓS.

PRECISAM SER DESENVOLVIDOS
OU RESSIGNIFICADOS COM O FOCO EM NOSSAS EMOÇÕES.
SIM, O FOCO ESTÁ NAS EMOÇÕES, QUE SÃO GOVERNADAS
POR NOSSOS PENSAMENTOS.

EM CONTATO COM O MEIO AMBIENTE, CRIAMOS REAÇÕES QUÍMICAS,
FÍSICAS E BIOLÓGICAS, COMO:
AMOR, GENEROSIDADE, CONTRIBUIÇÃO, ABRAÇOS VERDADEIROS
E SONO TRANQUILO E LEVE.

POR FIM, PARA MISTURAR ESSES INGREDIENTES
É IMPORTANTE QUE VOCÊ ESTEJA PRESENTE NO MOMENTO EM QUE VIVE.
A MISTURA NÃO GERA LIGA OU CONEXÃO SE FEITA ONLINE
OU A DISTÂNCIA DE SI MESMO.
AO FINAL DA VISUALIZAÇÃO DOS CARANGUEJOS,
O QUE O OUTRO CARANGUEJO VINHA FALAR É QUE ESTAVA VINDO UMA ONDA,
PORÉM, A ONDA QUEBROU ANTES E INUNDOU AS TOCAS
DE AMBOS OS CARANGUEJOS.
AO SE OLHAREM, PERCEBERAM QUE TUDO É IMPERMANENTE,
MENOS O JEITO AMOROSO DE SERES SE OLHAREM GERANDO EMPATIA,
RESPEITO E AMOR AO PRÓXIMO.
VAMOS RECONSTRUIR NOSSAS TOCAS E DAR RISADAS, DIARIAMENTE.

VOCÊ JULGA MUITO? A QUEM JULGA MAIS?

INCLUA SUAS RESPOSTAS NO WWW.CASACOACHING.COM.BR

OBJETIVO:

APRENDIZADO:

GRATIDÃO:

CURE A SI MESMO E VOCÊ CURA O MUNDO.
CURE SEUS MEDOS E VOCÊ CURA SUA VIDA.
CURE SUAS SOMBRAS E SUA LUZ PREVALECERÁ.
MANDE LUZ E A CURA CHEGA.

VOCÊ SABE SER A CURA PARA ALGUÉM?

INCLUA SUAS RESPOSTAS NO WWW.CASACOACHING.COM.BR

OBJETIVO:

APRENDIZADO:

GRATIDÃO:

HOJE É DIA DE MEDITAÇÃO. OUVIR MENOS O MUNDO
E MAIS A SI MESMO.
COLOQUE O EXTERNO EM SILÊNCIO E CONECTE-SE COM SEU SILÊNCIO E
M SEU ESPAÇO SAGRADO INTERNO.
MUNDO: MODE OFF, EU: MODE ON.

COMO PODE TORNAR A MEDITAÇÃO UM HÁBITO?

INCLUA SUAS RESPOSTAS NO WWW.CASACOACHING.COM.BR

OBJETIVO:

APRENDIZADO:

GRATIDÃO:

QUALQUER MARCA OU CICATRIZ
É APENAS UMA PARTE DO SEU CAMINHO DE APRENDIZADO.
QUALQUER SORRISO OU VITÓRIA TAMBÉM.
NÃO IMPORTA SE FOI BOM OU RUIM:
TUDO TEM COMEÇO, MEIO E FIM.
O MAIS IMPORTANTE É APRENDER
QUE QUEM DÁ A VIDA POR VOCÊ É VOCÊ MESMO.

ESCREVA 2 PONTOS FORTES E 2 PONTOS A DESENVOLVER. QUAIS PASSOS PODE DAR PARA DESENVOLVÊ-LOS?

INCLUA SUAS RESPOSTAS NO WWW.CASACOACHING.COM.BR

OBJETIVO:

APRENDIZADO:

GRATIDÃO:

O AMOR É O QUE TE TIRA VERDADEIRAMENTE DO EGO
E TE LEVA A TOMAR DECISÕES COM BASE NA TUA ESSÊNCIA,
DESDE QUE ESSE AMOR SEJA SEM APEGO.
QUERER SER DONO DE ALGO
É O MESMO QUE COMEÇAR PERDENDO O QUE NUNCA SE TEVE.
DÊ LIBERDADE E DEIXE IR,
POIS O QUE ESTÁ HOJE, AMANHÃ PODE NÃO ESTAR MAIS
E SERÁ LEMBRADO COMO MAIS UM APRENDIZADO.

NUMA ESCALA DE 0 A 10, QUAL O SEU NÍVEL DE APEGO QUANDO ESTÁ AMANDO ALGUÉM?

INCLUA SUAS RESPOSTAS NO WWW.CASACOACHING.COM.BR

OBJETIVO:

APRENDIZADO:

GRATIDÃO:

A BUSCA PELO EQUILÍBRIO NOS FAZ ENCONTRAR VÁRIOS CAMINHOS,
MAS A JORNADA LIBERTADORA ENCONTRAMOS
AO ESTARMOS ALINHADOS COM O CAMINHO DO MEIO.
É NELE QUE ALINHAMOS CORPO, PALAVRA E MENTE.
FEMININO E MASCULINO HONRANDO A ESSÊNCIA
E EM CONTATO PROFUNDO COM A NATUREZA DO PLANETA.

COMO VOCÊ BUSCA O EQUILÍBRIO DO FEMININO E MASCULINO EM SI MESMO?

INCLUA SUAS RESPOSTAS NO WWW.CASACOACHING.COM.BR

OBJETIVO:

APRENDIZADO:

GRATIDÃO:

PESSOAS FALAM QUE OS FINS DE SEMANA SÃO PARA ESTAR COM FAMÍLIA,
AMIGOS E FAZENDO O QUE MAIS GOSTAM, VERDADE?!
SE VOCÊ ESTA REALMENTE FAZENDO O QUE MAIS GOSTA
E COM QUEM REALMENTE É IMPORTANTE PARA VOCÊ,
ENTREGUE-SE POSITIVAMENTE A ESSAS PESSOAS HOJE,
VIVENDO INTENSA E PROFUNDAMENTE O MAIOR TEMPO DA SUA VIDA:
O PRESENTE!
QUANDO SE AMA O QUE SE FAZ, NÃO SE CONTA OS DIAS
ATÉ CHEGAR AO FIM DE SEMANA.
QUANDO SE CURTE VERDADEIRAMENTE A FAMÍLIA,
NÃO É SOMENTE NO FIM DE SEMANA QUE SE CONVIVE E AMA.

PERGUNTA A UM AVÔ OU AVÓ, SEU OU DE OUTRA PESSOA, O QUE ELE PODE TE ENSINAR EM 10 MINUTOS. ME CONTE OS APRENDIZADOS.

INCLUA SUAS RESPOSTAS NO WWW.CASACOACHING.COM.BR

OBJETIVO:

APRENDIZADO:

GRATIDÃO:

SOMENTE UMA ATITUDE DIFERENTE
PODE TE TRAZER RESULTADOS DIFERENTES.
FAZER O MESMO É TER O MESMO.
MUDAR A ATITUDE PODE TE TRAZER O QUE VOCÊ BUSCA NO MUNDO
E SÓ PODE ENCONTRAR EM SI MESMO: A FELICIDADE.
MUDE, DO INÍCIO AO FIM DE HOJE, CONSCIENTEMENTE, E VEJA O QUE ACONTECE.

E SE VOCÊ RESOLVESSE MUDAR TUDO NA SUA VIDA AGORA?

INCLUA SUAS RESPOSTAS NO WWW.CASACOACHING.COM.BR

OBJETIVO:

APRENDIZADO:

GRATIDÃO:

SENTIDO E PROPÓSITO VEEM DE DENTRO PARA FORA.
NÃO ADIANTA DEIXAR A RESPONSABILIDADE
AO OUTRO DE DIZER O QUE FAZ SENTIDO PARA VOCÊ.
ASSUMIR A RESPONSABILIDADE DA PRÓPRIA VIDA
É TER HUMILDADE DE MUDAR O QUE TIVER QUE SER MUDADO.

O QUE VOCÊ PODERIA FAZER PROFISSIONALMENTE
QUE TE FARIA ARREPIAR TODOS OS DIAS?

INCLUA SUAS RESPOSTAS NO WWW.CASACOACHING.COM.BR

OBJETIVO:

APRENDIZADO:

GRATIDÃO:

ANSIEDADE É QUERER COLHER ANTES DA HORA,
É QUERER RESULTADO EM DETRIMENTO A DESENVOLVIMENTO.
ACALME SUA MENTE COM MEDITAÇÃO E PASSARÁ A VER
QUE O MELHOR DE TODO O PROCESSO É VER O CRESCIMENTO
DO QUE SE PLANTA E NÃO O RESULTADO DA COLHEITA.

O QUE VOCÊ TEM COLHIDO É O QUE TEM PLANTADO?

INCLUA SUAS RESPOSTAS NO WWW.CASACOACHING.COM.BR

OBJETIVO:

APRENDIZADO:

GRATIDÃO:

A LEI DA IMPERMANÊNCIA DIZ QUE TUDO COMEÇA E ACABA NESSE PLANETA.
A MELHOR MANEIRA PARA PODER VIVER AS EXPERIÊNCIAS SOBRE IMPERMANÊNCIA É APRENDENDO E DESENVOLVENDO O DESAPEGO POR PESSOAS, COISAS E CIRCUNSTÂNCIAS. AME SEM PENSAR SER DONO.
NINGUÉM TEM A PROPRIEDADE DE NADA.
"SE" ESTAMOS COM A POSSE É POR UM PERÍODO LIMITADO DE TEMPO.

O QUE VOCÊ PODE FAZER PARA PRATICAR ESSE DESAPEGO HOJE?

INCLUA SUAS RESPOSTAS NO WWW.CASACOACHING.COM.BR

OBJETIVO:

APRENDIZADO:

GRATIDÃO:

AME COM TUDO!
ENTREGUE-SE AO AMOR PRÓPRIO
E DEIXE QUE ELE CONDUZA SEU VERDADEIRO AMOR PELO PRÓXIMO.
AME COM BASE NO ENTREGAR
E NÃO DO APEGAR.
ENTREGAR É DOAR SEM COBRAR EM TROCA.

O QUE EM QUEM VOCÊ AMA VOCÊ MAIS TEM MEDO DE PERDER?

INCLUA SUAS RESPOSTAS NO WWW.CASACOACHING.COM.BR

OBJETIVO:

APRENDIZADO:

GRATIDÃO:

LÍDER É QUEM GOVERNA SEUS PENSAMENTOS, PALAVRAS
E AÇÕES INTERNA E EXTERNAMENTE DA MESMA MANEIRA.
QUEM TEM ESSE NÍVEL DE CONGRUÊNCIA
DESENVOLVE VERDADEIRAMENTE A CONSCIÊNCIA.

NUMA ESCALA DE 0 A 10, QUAL O SEU NÍVEL DE PACIÊNCIA PARA ESPERAR SER QUEM PODE SER?

INCLUA SUAS RESPOSTAS NO WWW.CASACOACHING.COM.BR

OBJETIVO:

APRENDIZADO:

GRATIDÃO:

AGRADEÇA, APRECIE E VIVA A SUA MARAVILHOSA VIDA
ANTES QUE ELA ACABE. PARE DE DIZER QUE SUA VIDA ESTA CORRIDA
E ESTABELEÇA UM RITMO EM QUE VOCÊ POSSA RESPEITAR-SE
E SER O DONO DO SEU TEMPO.
VOCÊ É A PRIORIDADE DA SUA VIDA?
SE SIM, CELEBRE!
SE NÃO, MUDE ISSO,
POIS SE NÃO CUIDAR DE SI PRIMEIRO,
NÃO TERÁ COMO CUIDAR DOS DEMAIS.

VOCÊ COSTUMA DIZER ÀS PESSOAS QUE SUA VIDA É MUITO CORRIDA? REFLITA SOBRE ISSO.

INCLUA SUAS RESPOSTAS NO WWW.CASACOACHING.COM.BR

OBJETIVO:

APRENDIZADO:

GRATIDÃO:

ENTENDER É PARA OS FRACOS.
OS FORTES SENTEM.
A FORTALEZA ESTÁ EM SE CONHECER MAIS
E NÃO EM SER MAIS FORTE COM O POUCO QUE SE CONHECE.
UMA PEDRA SOZINHA É BEM MENOS FORTE QUE O MURO DE CASTELO.

QUANTO VOCÊ ESTÁ DETERMINADO EM MUDAR OU MELHORAR SUA VIDA?

INCLUA SUAS RESPOSTAS NO WWW.CASACOACHING.COM.BR

OBJETIVO:

APRENDIZADO:

GRATIDÃO:

SORRIA COM O CORAÇÃO AO VER O SUSPIRO DE ALGUÉM.
ENTENDA COMO VOCÊ PODE SER INCRÍVEL PARA SI MESMO
E PARA OS OUTROS QUANDO DECIDE APOIAR E INSPIRAR PESSOAS.

MISSÃO DO DIA: FAZER ALGUÉM SUSPIRAR.

INCLUA SUAS RESPOSTAS NO WWW.CASACOACHING.COM.BR

OBJETIVO:

APRENDIZADO:

GRATIDÃO:

AMOR E SENTIMENTO PARA HAVER ENTENDIMENTO.
A MELHOR PROFESSORA QUE PODE HAVER É A EMOÇÃO POSITIVA,
POIS REFORÇA O APRENDIZADO, CRIA SÓLIDOS PILARES
E É CAPAZ DE SER A BANDEIRA NA QUAL A PESSOA PODE LUTAR
POR TODA UMA VIDA SEM PARAR.
CRIE SUAS PRÓPRIAS EMOÇÕES POSITIVAS.
ESCOLHA QUEM VOCÊ QUER SER.

QUAL A EMOÇÃO MAIS GOSTOSA QUE VOCÊ VIVEU NOS ÚLTIMOS CINCO ANOS?

INCLUA SUAS RESPOSTAS NO WWW.CASACOACHING.COM.BR

OBJETIVO:

APRENDIZADO:

GRATIDÃO:

AME SEM APEGO O TUDO E, AO MESMO TEMPO, O NADA.
AMAR COM LIMITE DO APEGO É O MESMO QUE BEBER ÁGUA SALGADA.
DÁ A SENSAÇÃO DE SACIAR A SEDE, MAS NA REALIDADE
CRIA MAIS NECESSIDADE DE TER ÁGUA, DE ESTAR PRESO E PRENDER.
AME SEM COLOCAR SUAS CONDIÇÕES, APENAS SUAS EMOÇÕES POSITIVAS.

POR QUAL RAZÃO AS PESSOAS TE AMAM?

INCLUA SUAS RESPOSTAS NO WWW.CASACOACHING.COM.BR

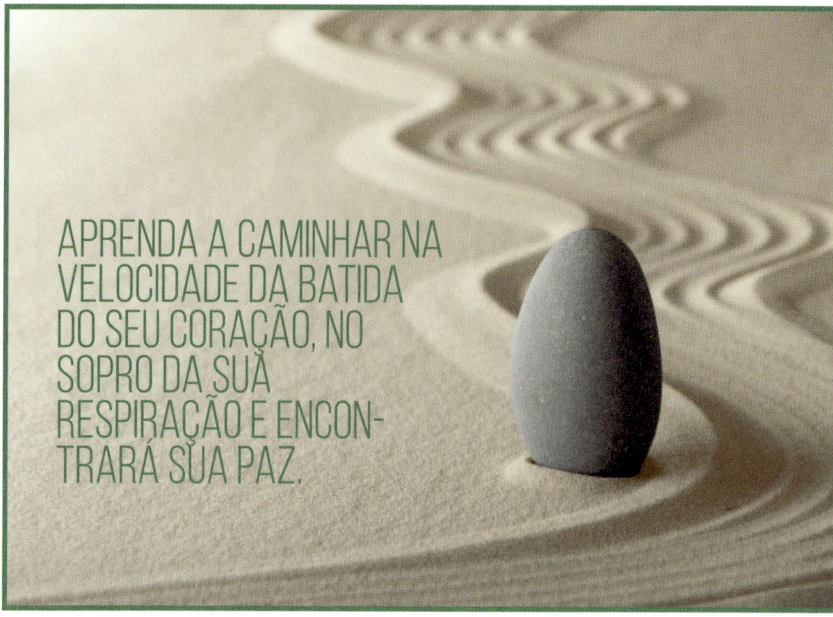

OBJETIVO:

APRENDIZADO:

GRATIDÃO:

SILENCIE OS BARULHOS DO MUNDO E SEU RITMO MUDA.
VIVER NA VELOCIDADE QUE O MUNDO DITA SÓ TE LEVA A SER
CADA VEZ MAIS QUEM VOCÊ NÃO NASCEU PARA SER.
UM POUCO DE "SHHHHHH"
É O SUFICIENTE PARA SE ENCONTRAR O AMOR E A PAZ INTERNA.

O QUE VOCÊ PERDERIA SE TIRASSE CINCO MINUTOS DO SEU DIA HOJE
PARA CONTEMPLAR UMA ÁRVORE, FLOR OU ELEMENTO DA NATUREZA?

INCLUA SUAS RESPOSTAS NO WWW.CASACOACHING.COM.BR

OBJETIVO:

APRENDIZADO:

GRATIDÃO:

QUEM CRESCE ME LEVA JUNTO. QUEM CAI, TAMBÉM.
APRENDI A CURTIR AS VITÓRIAS DOS OUTROS.
COM ISSO, APRENDI QUE TÃO IMPORTANTE QUANTO LUTAR POR MEUS RESULTADOS
É PODER APRENDER COM OS RESULTADOS DOS DEMAIS.
LEMBRO-ME QUE "HÁ O TEMPO DE PLANTAR E DE COLHER". SENDO ASSIM,
QUANDO NÃO ESTOU COLHENDO FRUTOS E APRENDIZADOS,
POSSO ESTAR NESSE PROCESSO OBSERVANDO E CURTINDO O SUCESSO
E VITÓRIAS DOS DEMAIS, OU SEJA, APRENDENDO COM AMOR.
O MAIS INCRÍVEL É QUE, COM ISSO, ME SINTO BEM MAIS PARTE DE ALGO MAIOR,
DE UM PLANETINHA FOFO!

QUAL A ÚLTIMA VITÓRIA DE ALGUÉM CONHECIDO QUE VOCÊ MAIS CELEBROU COM ELE?

INCLUA SUAS RESPOSTAS NO WWW.CASACOACHING.COM.BR

OBJETIVO:

APRENDIZADO:

GRATIDÃO:

SEU CORPO É SEU TEMPLO SAGRADO. RESPEITE-O.
ELE É TUDO O QUE VOCÊ TEM PARA ESTAR NUMA
TRAJETÓRIA DE APRENDIZADOS E CONSCIÊNCIA.
SUA MENTE É O QUE VOCÊ PRECISA CONTROLAR,
AO CONTRÁRIO DO QUE OCORRE HOJE, POIS ELA CONTROLA VOCÊ.
CONTROLAR A MENTE É ACALMÁ-LA, SILENCIÁ-LA E ENTRAR EM CONTATO
COM SUA VERDADEIRA ESSÊNCIA. SUAS PALAVRAS SÃO SEU MAIOR JULGADOR.
SE VOCÊ ENTENDE O SENTIDO DE TER PALAVRAS POSITIVAS, ENTENDE QUE ELAS SÃO RESPONSÁVEIS
POR VOCÊ APOIAR OU DESTRUIR VIDAS, A COMEÇAR PELA SUA.
PENSAMENTOS GERAM EMOÇÕES E ESSAS CONSTROEM OU DESTROEM.
ALINHE CORPO, PALAVRA E MENTE. MUDE SEUS PENSAMENTOS.
HONRE A PRECIOSA VIDA HUMANA QUE TEM!

O QUE VOCÊ PENSA É IGUAL AO QUE FALA E FAZ EM QUAL PORCENTAGEM DAS VEZES?

INCLUA SUAS RESPOSTAS NO WWW.CASACOACHING.COM.BR

DIA 68

OBJETIVO:

APRENDIZADO:

GRATIDÃO:

CHEGA DE COMPETIÇÃO!

O MUNDO HOJE SÓ FALA EM SUPERAÇÃO PESSOAL.
PARECE VÍCIO.
CONFESSO QUE ACHO MUITO CHATO ISSO.

TUDO É COMPETIÇÃO:
COLETIVA E INDIVIDUAL.
"SUPERE SEUS LIMITES", "VENÇA SEUS MEDOS", "CONQUISTE ISSO OU AQUILO".

NINGUÉM SE PREOCUPA EM FALAR SOBRE APRENDIZADOS.
TODOS QUEREM VENCER, MAS NÃO SE IMPORTAM COM O PREÇO QUE PAGAM,
POIS VENCER SEM APRENDER NÃO FAZ SENTIDO.

NUNCA VI UM REPÓRTER
PERGUNTAR AO TÉCNICO DO TIME CAMPEÃO ALGO COMO:

O QUE VOCÊ E O GRUPO DE JOGADORES
APRENDERAM COM ESSE TÍTULO QUE
POSSA SER APLICADO PARA O BEM DA COMUNIDADE À VOLTA DO CLUBE?

O QUE VOCÊ APRENDEU COM SUA PROMOÇÃO
NA EMPRESA QUE POSSA SER USADO COM SUA FAMÍLIA?

QUAL FOI O APRENDIZADO PASSADO A SEUS FILHOS ESSA SEMANA?

QUAL PALAVRA IMPORTANTE SEU LÍDER RELIGIOSO DISSE ESSA SEMANA QUE IMPACTOU NO SEU COMPORTAMENTO COM OS DEMAIS NO SEU TRABALHO?

NADA DISSO É FEITO.

PESSOAS FALAM DE CONQUISTAS E VITÓRIAS SOMENTE.

O SABOR DISSO É COMO A CHAMPAGNE
AO FINAL DE UMA PROVA DE FÓRMULA 1.

É ENORME, PORÉM, ACABA.
E TUDO ACABA.
É A IMPERMANÊNCIA.

SABE O QUE NÃO ACABA?
O QUE VOCÊ APRENDE.
SABE O QUE PERDURA?
O QUE VOCÊ APRENDE A TRANSFORMAR EM ALGO MAIOR,

VIVENDO E TENDO EXPERIÊNCIAS,
TRANSFORMANDO EM SABEDORIA DE MANEIRA CONSCIENTE.
SENTIR O SIGNIFICADO DAS COISAS É MAIS IMPORTANTE QUE LEVANTAR TROFÉUS,
POIS O MAIOR TROFÉU JÁ ESTÁ DENTRO DO SER HUMANO:

A VIDA CONSCIENTE.
SUPERAR NÃO SIGNIFICA APRENDER.
APRENDER SIGNIFICA EVOLUIR, QUE É A VERDADEIRA SUPERAÇÃO.
PERGUNTA:
QUER APRENDER OU QUER SE SUPERAR?

QUER APRENDER OU QUER SE SUPERAR?

INCLUA SUAS RESPOSTAS NO WWW.CASACOACHING.COM.BR

OBJETIVO:

APRENDIZADO:

GRATIDÃO:

SOMOS TODOS BUSCADORES.
QUEREMOS RESPOSTAS O TEMPO TODO.
PASSAMOS A VIDA CORRENDO ATRÁS, BUSCANDO PELO MUNDO,
EM GRUPOS OU COMUNIDADES, E EM OUTRAS PESSOAS.
AO FINAL DE TANTA BUSCA, ENCONTRAMOS
UMA COMPLETA FALTA DE SENTIDO E PROPÓSITO.
UM DIA, PODEMOS CANSAR DE IR PARA FORA OU
DARMOS OUVIDOS A ESSÊNCIA E NÃO AO EGO.
NESSE DIA, INDIVIDUALMENTE, EM SEU SILÊNCIO, NUMA MEDITAÇÃO,
VOCÊ PODE ENCONTRAR O QUE SEMPRE SONHOU: VOCÊ PLENO.

O QUE VOCÊ PERGUNTARIA A DEUS SE TIVESSE A POSSIBILIDADE DE FAZER-LHE SOMENTE UMA PERGUNTA?

INCLUA SUAS RESPOSTAS NO WWW.CASACOACHING.COM.BR

OBJETIVO:

APRENDIZADO:

GRATIDÃO:

QUE TAL UM DIA DEDICADO A TOCAR A SI E A OUTRAS PESSOAS?
E SE COLOCAR SENTIDO E PROPÓSITO NISSO, ESTANDO CONSCIENTE QUE CADA TOQUE É PARA APOIAR A AQUELA PESSOA A TER A MELHOR ENERGIA DO DIA?! FASCINE ALGUÉM. TOQUE COM AMOR E SEJA LEVE COMO O VENTO.

DÊ TRÊS ABRAÇOS E TRÊS SORRISOS HOJE.

INCLUA SUAS RESPOSTAS NO WWW.CASACOACHING.COM.BR

OBJETIVO:

APRENDIZADO:

GRATIDÃO:

A VIDA PRECISA DE AMOR. O AMOR PRECISA DE AMAR.
E NÓS, NA REALIDADE, NÃO PRECISAMOS, POIS JÁ SOMOS.
SOMOS AMOR, SOMOS AMAR.
A MISSÃO MAIOR DA VIDA É PRATICAR E VIVER O AMOR,
SEM PRECISAR DE CAUSAS OU CONSEQUÊNCIAS.
VIVER SEM CAUSAS E CONSEQUÊNCIAS É NÃO PRECISAR EXPLICAR
OU ENTENDER A VIDA. É APENAS SENTI-LA E AMÁ-LA.
AME A SI MESMO, VALORIZANDO SUA PRECIOSA VIDA.

QUEM VOCÊ MAIS AMA NESSE PLANETA DEPOIS DE SI MESMO?
DIGA A ELE O QUE TE FAZ AMÁ-LO(A).

INCLUA SUAS RESPOSTAS NO WWW.CASACOACHING.COM.BR

OBJETIVO:

APRENDIZADO:

GRATIDÃO:

TUDO É APRENDIZADO. NÃO EXISTE DOR OU PRAZER, FEIO OU BONITO,
CERTO OU ERRADO. NO INÍCIO, NO MEIO E NO FIM, TUDO É APRENDIZADO.
QUANDO SE ENTENDE ISSO, VIVE-SE NO MOMENTO PRESENTE
E ENCANTA-SE CONSIGO MESMO E COM SUA CAPACIDADE INCRÍVEL
DE SER FELIZ AO SE TER MOTIVOS OU NÃO, AO SE VIVER ALGO MARAVILHOSO OU NÃO, AO SE
ESTAR COM QUEM SE AMA OU NÃO.
SINTA O QUANTO VOCÊ ESTA PRESENTE NESSE MOMENTO.
FELICIDADE É APRENDER E APRENDER É FELICIDADE.

O QUE FARÁ SE PINTAR UMA ENORME VONTADE DE ESTAR FELIZ HOJE?

INCLUA SUAS RESPOSTAS NO WWW.CASACOACHING.COM.BR

OBJETIVO:

APRENDIZADO:

GRATIDÃO:

TODO MUNDO PODE SER POSITIVO. ATÉ MESMO O MAIS RANZINZA DE TODOS.
TODO MUNDO É CAPAZ DE DESENVOLVER A HABILIDADE DE VIVER A VIDA COM LEVEZA, APRENDENDO E OBSERVANDO A CADA MOMENTO E SIMPLESMENTE EXALANDO A VERDADE EM CADA SORRISO E OLHAR.
SE VOCÊ JÁ É POSITIVO, PODE APOIAR PESSOAS SENDO O EXEMPLO.
SE NÃO É, AINDA PODE TORNAR-SE. QUEM ENTREGA O BEM, RECEBE O BEM.
QUEM ENTREGA O POSITIVO, RECEBE O POSITIVO.
QUEM ENTREGA DE SI, RECEBE PARA SI.

SABIA QUE ESCREVERIA ESSE LIVRO COM O AUTOR? ESTÁ VALENDO A PENA?

INCLUA SUAS RESPOSTAS NO WWW.CASACOACHING.COM.BR

OBJETIVO:

APRENDIZADO:

GRATIDÃO:

COMECE SUA SEMANA À PARTIR DE HOJE, I
NDEPENDENTE DO DIA QUE LER ESSE TEXTO.
FAÇA DESSES SETE DIAS A SEMANA MAIS MEMORÁVEL DA SUA VIDA!
ENTREGUE-SE A MISSÃO DE SER VOCÊ 100% DO TEMPO.
VIVA ESSE PERÍODO COM CONSCIÊNCIA, ESTANDO PRESENTE NO MOMENTO
E HONRANDO SUA VIDA. LEMBRE-SE DAS PALAVRAS MÁGICAS PELO CAMINHO:
"POR FAVOR, COM LICENÇA, SINTO MUITO, MUITO OBRIGADO."
O CAMINHO QUANDO VIVIDO É MELHOR QUE SOBREVIVIDO.
AFINAL, PRECISAMOS APRENDER.

POR QUAL RAZÃO FARÁ DESSA SEMANA A MAIS INCRÍVEL DO ANO?
DETERMINE UM MOTIVO INTERNO. ME CONTE OS RESULTADOS.

INCLUA SUAS RESPOSTAS NO WWW.CASACOACHING.COM.BR

OBJETIVO:

APRENDIZADO:

GRATIDÃO:

A CALMA QUE VOCÊ NÃO CONHECE ESTA NA MEDITAÇÃO.
VALE A PENA DIMINUIR SUA ANSIEDADE, ANGÚSTIA E MEDOS?
É NA MEDITAÇÃO QUE VOCÊ ENCONTRARÁ O QUE ACALMARÁ SUA MENTE
E O QUE ELA FAZ COM SUAS NOITES DE SONO, VIDA AGITADA,
DECISÕES PRECIPITADAS, EXPLOSÕES DESMEDIDAS, PALAVRAS PESADAS,
SENSAÇÃO DE CULPA, ENTRE OUTRAS COISAS.
MEDITAR É CALAR O MUNDO EXTERNO PARA ACALMAR SUA MENTE.
MEDITE HOJE E SINTA O PODER DESSE SILÊNCIO.

MEDITE HOJE FOCANDO EM SUA RESPIRAÇÃO, COLOCANDO SUA ATENÇÃO EM SEU CORAÇÃO E EM COMO PODE SENTIR AMOR AO FAZER ISSO.

INCLUA SUAS RESPOSTAS NO WWW.CASACOACHING.COM.BR

OBJETIVO:

APRENDIZADO:

GRATIDÃO:

NÃO IMPORTA O QUE DIGAM, FAÇAM OU PENSEM.
O QUE IMPORTA É COMO COLOCAMO-NOS AO RECEBER AS INFLUÊNCIAS DISSO. PERMITIR QUE PALAVRAS, AÇÕES E PENSAMENTOS NEGATIVOS DIRECIONADOS A NÓS TORNEM-SE RUINS OU BONS DEPENDE APENAS DE NÓS.
TODOS ELES SÃO APENAS GRANDES OPORTUNIDADES DE APRENDIZADOS E TREINAMENTO DO QUE TODOS MAIS PRECISAMOS DESENVOLVER: A PACIÊNCIA. PACIÊNCIA É CAPAZ DE NOS LIVRAR DE INSTANTES DE TRISTEZA E DOR NO FUTURO E, QUANDO TRABALHADA NO PRESENTE, NOS MOSTRA UMA VIDA RUMO A SABEDORIA, COMPREENSÃO, COMPAIXÃO E AMOR INCONDICIONAL.

EM QUAL MOMENTO DO SEU DIA VOCÊ RECEBE MAIS DESAFIOS A SUA PACIÊNCIA?
VOCÊ APROVEITA ESSE MOMENTO PARA DESENVOLVÊ-LA OU NEGÁ-LA?

INCLUA SUAS RESPOSTAS NO WWW.CASACOACHING.COM.BR

OBJETIVO:

APRENDIZADO:

GRATIDÃO:

O MUNDO FOI CRIADO A PARTIR DE UMA XÍCARA DE CAFÉ E NÃO DE ÁGUA SOMENTE.
CONVIDEI UM AMIGO PARA UM CAFÉ E ESCREVEMOS
UMA DEFINIÇÃO DO QUE SERIA PARA GENTE.
CAFÉ COM UM AMIGO É O MESMO QUE PODER SENTAR NUMA CALÇADA
AOS SETE ANOS DE IDADE, CONVERSAR SOBRE O QUE FAZER NAQUELE DIA,
SOBRE ONDE IR, COM QUEM IR E COMO INCRÍVEL O DIA PODE SER,
TUDO COMO SE NÃO HOUVESSE AMANHÃ, SÓ O AGORA. SEU HOJE QUE ESTÁ TÃO POBRE
A PONTO DE VOCÊ QUERER VIVER SOMENTE NO ONTEM OU NO AMANHÃ?
VIVA O HOJE. É NELE QUE TUDO MUDA.
TRANSFORME O AGORA. O ONTEM É E SERÁ APENAS UMA LEMBRANÇA E APRENDIZADO. O
AMANHÃ É SOMENTE UMA CONSEQUÊNCIA DO QUE VOCÊ VAI VIVER HOJE.
DEFINA SUA VIDA E SEU DIA PELO MODO COMO VOCÊ TRATA SEU HOJE.

PARA QUAL VELHO AMIGO VOCÊ PODE LIGAR HOJE PARA TOMAR UM CAFÉ JUNTOS NOS PRÓXIMOS DIAS?

INCLUA SUAS RESPOSTAS NO WWW.CASACOACHING.COM.BR

OBJETIVO:

APRENDIZADO:

GRATIDÃO:

A ÚNICA FORMA DE AMOR REAL É A POR VOCÊ MESMO.
TODAS AS DEMAIS DEPENDEM DELA E TODAS, SEM ELA,
SÃO APENAS ILUSÓRIAS.
O AMOR É IMPERMANENTE, ASSIM COMO TODOS NÓS SOMOS,
MAS RESPEITAR, HONRAR E SE DEDICAR A SUA ESSÊNCIA,
A SUA MISSÃO E AO SEU LEGADO TE FAZEM ENTENDER QUE SEM AMOR,
NADA ACONTECE. SEM AMOR PRÓPRIO A VIDA É UM ENROLAR
E DESENROLAR DE JUSTIFICATIVAS E FRUSTRAÇÕES,
SEM A MENOR POSSIBILIDADE DE TORNA-SE MÁGICA, LEVE E CHEIA SORRISOS. AMAR-SE É A
VERDADEIRA MAESTRIA.

DIGA O QUANTO AMA TRÊS PESSOAS NAS PRÓXIMAS VINTE E QUATRO HORAS.
REFLITA SOBRE SUA MEDIDA E INTENSIDADE.

INCLUA SUAS RESPOSTAS NO WWW.CASACOACHING.COM.BR

OBJETIVO:

APRENDIZADO:

GRATIDÃO:

O QUE PODE HAVER DE MELHOR NESSA VIDA QUE APRENDIZADO?
E QUEM TE ENSINA MAIS: QUEM VOCÊ GOSTA OU QUEM VOCÊ NÃO GOSTA?
AO ENTENDERMOS QUE QUEM NÃO GOSTAMOS É QUEM MAIS NOS ENSINA,
PODEMOS DAR O PRÓXIMO PASSO DE UM GRANDE LÍDER:
VER O QUE HÁ VERDADEIRAMENTE DE BOM NAQUELA PESSOA.
CADA UM TEM SUAS CARACTERÍSTICAS QUE PODEM SER DIFERENTES
OU SEMELHANTES DAS NOSSAS.
O QUE NOS IRRITA, OU SEJA, AS DIFERENÇAS, NA REALIDADE,
SÃO AS SEMELHANÇAS E O QUE PRECISAMOS APRENDER.
APRENDA COM O QUE NÃO GOSTA NO OUTRO, VENDO O LADO BOM DA PESSOA
E SUA INFLUÊNCIA POSITIVA NOS OUTROS E NO MUNDO.
MEDITE COM HUMILDADE O BASTANTE PARA ENTENDER QUE
QUEM VOCÊ NÃO GOSTA É UM GRANDE MESTRE E SUAS ATITUDES
SÃO EXATAMENTE O QUE PRECISA APRENDER. CRIE OPORTUNIDADES!

QUAL CARACTERÍSTICA QUE MAIS TE IRRITA NA PESSOA QUE VOCÊ MENOS GOSTA?
ALGUÉM JÁ TE FALOU QUE VOCÊ TEM ESSA CARACTERÍSTICA?
REFLITA E GERE APRENDIZADOS.

INCLUA SUAS RESPOSTAS NO WWW.CASACOACHING.COM.BR

OBJETIVO:

APRENDIZADO:

GRATIDÃO:

O VERDADEIRO ENCONTRO COM NOSSO EU PROFUNDO SE DÁ
QUANDO CRIAMOS O COMPROMISSO DE TOMARMOS NOSSAS DECISÕES
A PARTIR DE NÓS MESMOS. SÓ ASSIM ENCONTRAMOS NOSSA PAZ.
NÃO IMPORTAM AS BATALHAS DO DIA A DIA.
O QUE IMPORTA É A PAZ.
INDEPENDENTE DE VITÓRIAS OU DERROTAS,
O SENTIDO MÁXIMO SÓ EXISTE QUANDO SE PODE ESTAR DENTRO DE SI
PARA SABOREAR OS APRENDIZADOS DAS LUTAS
E A BUSCA INCESSANTE DA PAZ INTERNA.

VOCÊ ESTÁ EM PAZ CONSIGO MESMO E SUA DECISÕES?
HÁ ALGO A SER MUDADO?

INCLUA SUAS RESPOSTAS NO WWW.CASACOACHING.COM.BR

OBJETIVO:

APRENDIZADO:

GRATIDÃO:

EXISTE DIA MELHOR PARA COMEÇAR A MUDAR SUA VIDA QUE HOJE?
QUERER SER FELIZ, RESPIRAR NO MOMENTO PRESENTE
E ESTABELECER UM ACORDO COM A FELICIDADE
PARA QUE ELA SEJA MULTIPLICADA A TODOS OS QUE NOS FAZEM
APRENDER NESSA VIDA SÓ PODE SER FEITO NO HOJE.
QUEM SE COMPROMETE A VIVER O HOJE,
COMPROMETE-SE A BUSCAR OS MELHORES DE TODOS OS MOMENTOS:
O AGORA. MOVA-SE NA BATIDA DO SEU CORAÇÃO O DIA TODO, SEM PARAR.
HOJE, AGORA, NESSE MOMENTO E NA BATIDA DO SEU CORAÇÃO JUNTO COM O MEU CORAÇÃO.
TAMO JUNTO?!

O QUE TE LEVA A CONFIAR QUE SUA MUDANÇA SÓ DEPENDE DE VOCÊ?

INCLUA SUAS RESPOSTAS NO WWW.CASACOACHING.COM.BR

OBJETIVO:

APRENDIZADO:

GRATIDÃO:

E SE AS RESPOSTAS QUE VOCÊ TEM
FOSSEM APENAS CAMINHOS A NOVAS PERGUNTAS?!
E SE TODAS AS CERTEZAS QUE VOCÊ TEM
FOSSEM APENAS FORMAS DE SE CHEGAR A NOVOS APRENDIZADOS?!
E SE TODAS AS DÚVIDAS QUE VOCÊ TEM
FOSSEM APENAS MANEIRAS DE TE LEMBRAR QUE VOCÊ É HUMANO?!
E SE TODOS OS MEDOS QUE VOCÊ TEM FOSSEM EMBORA
COM A ABERTURA DE NOVAS PERSPECTIVAS PARA A SUA VIDA?!
SABE COMO FAZER ISSO?
VIVENDO. VIVA A VIDA! I
NTENSA E PROFUNDAMENTE!

OLHE PARA UM ESPELHO E PERGUNTE-SE COM UM SORRISO GOSTOSO NO ROSTO:
"ESPELHO, ESPELHO MEU! EXISTE ALGUÉM MAIS BELO DO QUE EU?"

INCLUA SUAS RESPOSTAS NO WWW.CASACOACHING.COM.BR

OBJETIVO:

APRENDIZADO:

GRATIDÃO:

O SUCESSO NÃO TEM DONO.
O APRENDIZADO SIM. PARTILHE.
PARA CHEGAR A VERDADEIRA SABEDORIA, DEVEMOS PRATICAR
E COMPARTILHAR OS ENSINAMENTOS RECEBIDOS
E VIBRAR COM AS CONQUISTAS DE TODOS.

VOCÊ SABE FICAR FELIZ VERDADEIRAMENTE QUANDO ALGUÉM FAZ SUCESSO?
SE FICA, COMO FAZ ISSO? SE NÃO FICA, COMO FAZER ISSO ACONTECER?

INCLUA SUAS RESPOSTAS NO WWW.CASACOACHING.COM.BR

OBJETIVO:

APRENDIZADO:

GRATIDÃO:

A CONSCIÊNCIA É O QUE REALMENTE FAZ MUDAR.
O POSITIVISMO É O QUE TE FAZ PERMANECER COM A MUDANÇA.
O GRANDE RISCO DA JUNÇÃO DESSES DOIS COMPONENTES
É TER UMA VIDA DE MUDANÇAS SIGNIFICATIVAS RUMO
A UM CRESCIMENTO INTEGRAL,
PODENDO ESTAR EM CONTATO DIRETO
COM SUA ESSÊNCIA DE MANEIRA SUSTENTÁVEL.
CONSEQUÊNCIAS IMEDIATAS: VIDA, SORRISO E PAZ.

O QUE VOCÊ FARIA PARA QUE ESSAS CONSEQUÊNCIAS FOSSEM MAIS QUE NO CURTO PRAZO?

INCLUA SUAS RESPOSTAS NO WWW.CASACOACHING.COM.BR

OBJETIVO:

APRENDIZADO:

GRATIDÃO:

APRENDER É TRANSFORMAR:
PENSAMENTOS EM ESCOLHAS; ESCOLHAS EM DECISÕES,
DECISÕES EM ATITUDES, ATITUDES EM HÁBITOS, HÁBITOS EM CAMINHO DE CRESCIMENTO;
CAMINHO DE CRESCIMENTO EM SABEDORIA;
SABEDORIA EM ENSINAR OS APRENDIZADOS;
ENSINAR OS APRENDIZADOS EM CONSCIÊNCIA;
CONSCIÊNCIA EM MISSÃO DE VIDA
E MISSÃO DE VIDA EM VOCÊ!
POR INCRÍVEL QUE PAREÇA, TODOS NÓS SABEMOS EXATAMENTE
COMO FAZER ESSE PASSO A PASSO.
VALE A PENA SABER MAIS?

O QUE VOCÊ PODE ENSINAR A ALGUÉM HOJE?

INCLUA SUAS RESPOSTAS NO WWW.CASACOACHING.COM.BR

OBJETIVO:

APRENDIZADO:

GRATIDÃO:

AS FLORES SE ABREM NO MOMENTO CERTO.
CADA FLOR SE ABRE DE DENTRO PARA FORA E NÃO DE FORA PARA DENTRO.
QUERER APRESSAR AS COISAS É NÃO ESPERAR O VERDADEIRO ESPETÁCULO
DA VIDA, A PRIMAVERA.
ABRA-SE SEM PRESSA.
RESPIRE.

SE VOCÊ FOSSE UMA FLOR, QUAIS CORES TERIA E QUAL SERIA SEU FORMATO?

INCLUA SUAS RESPOSTAS NO WWW.CASACOACHING.COM.BR

OBJETIVO:

APRENDIZADO:

GRATIDÃO:

AME A SI E AMARÁ AO PRÓXIMO.
CONHEÇA E DESENVOLVA SEUS POTENCIAIS AO MÁXIMO
E ENTREGARÁ EXCELÊNCIA AO PRÓXIMO. MUDE A SI E MUDARÁ O MUNDO.
QUANTO MELHOR SE É, MAIS PODERÁ APOIAR A OUTRAS PESSOAS
COM INTENSIDADE E DE FORMA ALTRUÍSTA.

QUANDO FOI A ÚLTIMA VEZ QUE DOOU HORAS PARA APOIAR PESSOAS?

INCLUA SUAS RESPOSTAS NO WWW.CASACOACHING.COM.BR

OBJETIVO:

APRENDIZADO:

GRATIDÃO:

HONRE ACREDITAR, TER CONSCIÊNCIA E SER QUEM REALMENTE É.
SAIBA QUE O MELHOR EXEMPLO VEM DE HONRAR QUEM VOCÊ SERÁ
E NÃO DE PERMANECER QUEM É HOJE.
VIVER O HOJE POSSIBILITA CHEGAR NO AMANHÃ MAIS CONSCIENTE.
EXEMPLO É HOJE. EXEMPLO É REALIDADE. NINGUÉM É 100% EXEMPLO.
NINGUÉM É EXEMPLAR.
VOCÊ PODE SER UM MESTRE EM VER AS PESSOAS COM UM OLHAR BONDOSO
E GENEROSO E SER UM GRANDE EXEMPLO POR ISSO.
TEMOS ATITUDES QUE SÃO EXEMPLARES.
NÃO DEIXE QUE SUAS SOMBRAS TE DIGAM QUE VOCÊ
NÃO PODE SER QUEM NASCEU PARA SER:
LUZ!

QUAL EXEMPLO PRÁTICO DE LIDERANÇA VOCÊ PODE DAR HOJE A OUTRAS PESSOAS?

INCLUA SUAS RESPOSTAS NO WWW.CASACOACHING.COM.BR

OBJETIVO:

APRENDIZADO:

GRATIDÃO:

O MAIOR PRESENTE QUE SE PODE DAR A SI É A PRESENÇA NA PRÓPRIA VIDA.
ESTEJA PRESENTE EM CADA MOMENTO DA VIDA
E VOCÊ SERÁ A PESSOA MAIS FELIZ EM SEU MUNDO.

POR QUE PESSOAS SE PREOCUPAM MAIS COM O FUTURO QUE COM O PRESENTE AO FALAR DE FELICIDADE?

INCLUA SUAS RESPOSTAS NO WWW.CASACOACHING.COM.BR

OBJETIVO:

APRENDIZADO:

GRATIDÃO:

VENTO NA CARA, PELOS DOS BRAÇOS ARREPIADOS, IMPACTO DOS PÉS NO SOLO, RESPIRAÇÃO PROFUNDA, SUOR ESCORRENDO DO ROSTO, CANSAÇO GOSTOSO NO CORPO, UM HORIZONTE DE IMAGENS COLORIDAS A FRENTE:

ISSO É CORRER, ISSO É VIVER.

CORRA PELA SUA VIDA. CORRA COM SENTIDO

E NÃO NO SENTIDO FIGURADO.

MOVA-SE.

SABE ATRAIR PARA SI OS MELHORES CAMINHOS?

INCLUA SUAS RESPOSTAS NO WWW.CASACOACHING.COM.BR

OBJETIVO:

APRENDIZADO:

GRATIDÃO:

APRENDEU, SEGUIU ADIANTE. NÃO APRENDEU, IRÁ REPETIR. FATO.
QUANDO ENTENDEMOS QUE HÁ APRENDIZADO NAS FLORES QUE AMAMOS E
TAMBÉM NOS ESPINHOS, ESTAMOS PRONTOS PARA VIVER.

O QUE MAIS TE CAUSA DOR NESSE MOMENTO DA SUA VIDA? O QUE VOCÊ TEM A APRENDER COM ISSO QUE AINDA NÃO FEZ?

INCLUA SUAS RESPOSTAS NO WWW.CASACOACHING.COM.BR

Símbolo de amizade e gratidão

A flor que mais gosto é a tulipa. Mas, com todo o respeito às magnólias que cercam e protegem a Casa Coaching, a árvore que mais gosto é a cerejeira. E tenho uma história, uma lembrança muito bonita sobre isso.

Quando morei nos EUA em 1996 e 1997, descobri que março é o momento em que o inverno vai acabando, dando lugar à primavera. Abril é uma época um pouco fria ainda, por conta do clima temperado. O aquecimento acontece devagar, de forma bem gradual.

Em algum momento do final de março e do início de abril acontece o que eles chamam de fenômeno da Cherry Blossom, ou seja, quando nascem as flores da cerejeira. Isso acontece porque o tempo de floração dela é diferente, está mais sujeito à pequena variação da temperatura, de modo que suas flores se abrem mais rápido que as de outras árvores.

No Japão, a flor da cerejeira se chama sakura, e é um dos símbolos do país do sol nascente. O fenômeno da floração é bastante esperado e comemorado por lá, porque é ele que marca o começo da primavera. Início da vida e final do frio.

E onde os EUA entram nisso? Por duas vezes na história os japoneses presentearam os americanos com mudas de cerejeira. A primeira, em 1912, como um símbolo de amizade entre os dois países. A segunda foi em 1965, duas décadas após o fim da Segunda Grande Guerra.

Mesmo após bombardear as cidades japonesas, foram os EUA que nas décadas seguintes assumiram um papel de frente na recuperação do país. As 3.800 mudas da segunda doação simbolizaram, desta vez, a gratidão desse reconstruído Japão e a nova relação que florescia entre os dois países.

Além dos parques, essas mudas foram plantadas por toda a cidade de Washington. São árvores que não possuem folhas durante esse período do ano. Você não vê uma planta de folhas verdes com algumas flores, você vê árvores que são inteiramente cobertas por flores!

Um momento de pura beleza interna, em que a árvore faz como os japoneses fizeram: com a flor, ela nos agradece. Porque aquelas folhas que se recolheram são a seiva que a árvore concentra para aquela flor linda, que em breve produzirá frutos que continuarão crescendo.

Um espetáculo magnífico de cores e formas! Essa flor representa uma grande experiência na minha vida, o momento em que os EUA começaram a fazer parte do que sou hoje. E olha que foram lá as primeiras lições de Liderança e Coaching ainda em Georgetown University, em Washington DC. Um lugar que faz questão de cuidar das novas e velhas histórias.

E qual a cor da cherry blossom ou cerejeira? Roxo, lilás. Vale a pena buscar informações e fotos. Apaixone-se pelas verdadeiras cores da gratidão.

Ajustando o foco

É possível fazer um pequeno paralelo com o Brasil. Aqui, eu destacaria os ipês brasileiros. Cito o roxo, mas penso principalmente no amarelo, que é a cara de Minas Gerais. O ipê é lindo, quando nasce ele arrebenta.

Mas a Cherry Blossom não era algo que eu estava esperando. De repente, eu estava imerso naquele mar de flores roxas clarinhas. A floração da cerejeira é a coisa mais linda, mais fofa do mundo. Foi a primeira vez que vi, e foi muito marcante porque normalmente não estamos acostumados a parar para olhar. E, naquele dia, meus olhos se abriram para algo novo.

Eis um dado interessante: quando olhamos uma flor, não vemos mais que 1/8 das suas cores. O olho humano não tem capacidade de ver mais que 12,5% dessa beleza da natureza. Só que, com o passar dos anos, a gente nem sequer olha mais para as flores. Não é verdade? A gente apenas vê, mas não as enxerga.

Quando somos crianças, conseguimos olhar para a flor em detalhes, brincar com ela, guardar uma flor. O tempo passa, crianças viram adolescentes, e algumas até guardam aquela flor na agenda. E isso dura pouco tempo também.

Porque as flores, como podemos perceber, não foram feitas para os humanos. Elas são parte de um processo de encantamento, feito pelas árvores e demais plantas para os insetos e animais menores.

Esse processo de encantamento, de magia, é um processo de conquista. A árvore quer conquistar a natureza, para que sua beleza seja explorada e possa gerar vida. Lembra das aulas de biologia? De modo geral, o masculino e o feminino coexistem nas plantas, e para que elas sejam fecundadas, é preciso fazer com que essas partes de seres imóveis se conectem. O masculino de uma encontra o feminino de outra. E as plantas fazem isso através do encantamento.

Primeiro pelo visual. Com muitas cores, para que as flores possam ser vistas. Depois com muitos odores, para que possam ser sentidas. E por fim com o pólen, de raríssima qualidade.

O pólen é interessante, porque é ele a substância capaz de atrair os seres mais incríveis deste planeta, que são as abelhas. O pólen é a matéria-prima do único elemento de toda a Terra, o único alimento que não pode ser replicado, duplicado ou criado pelo homem: o mel.

Os olhos da abelha

Isso é uma brincadeira, claro, mas não completamente sem sentido: algumas pessoas dizem que o mel é de outro planeta, justamente porque o homem ainda não conseguiu reproduzi-lo em laboratório ou mesmo modificá-lo.

O mel é como a arte para as abelhas. E as flores são suas musas inspiradoras. O estímulo visual para estes pequenos seres que tanto ajudam na polinização. Essas pequenas fofuras voadoras que unem masculino e feminino para gerar vida nas plantas, e que ao final de todo esse trabalho ainda criam algo novo, doce e de muita energia.

Essa é uma das coisas que as torna tão especiais. Imagine, então, enxergar o mundo pelos olhos de uma abelha. Pense nela como o ser que tem a melhor visão da beleza da árvore. De sua multiplicidade de cores.

Imagine a expressão, as sensações, os pensamentos que preenchem a mente da abelha diante da nossa natureza. Indescritível e inimaginável. As abelhas veem com suas lentes um universo maravilhoso de estímulos, e enxergam naquilo os elementos que podem produzir algo mágico chamado mel.

A abelha vê tudo como um sistema. A árvore, o pólen, o mundo. Porque ela não vai a uma única flor. Como um artista em busca de referências, como um curador selecionando obras para uma galeria, a abelha voa curiosa por todo o jardim, coletando um pouco do pólen de cada planta. É com esse instinto curioso, de cheirar e provar todas as cores, que a abelha vive a primavera. Ela se abre para experimentar, para viver, para criar.

Por isso volto às primeiras passagens. Naquele dia, nos EUA, em 1996, eu experimentei novamente o prazer de enxergar as flores com os olhos de uma criança. Foi uma satisfação imensa recordar essa sensação.

E eu agora busco continuar a minha própria evolução, para poder um dia enxergar as flores com os olhos de uma abelha. Esse ser tão pequeno e tão sábio, porque tudo que ele é capaz de fazer ele realiza humildemente. E florescer é isso.

Florescer é enxergar tudo como um sistema, entender que precisamos de todas as estações, de todo o funcionamento. E perceber que esse mesmo funcionamento precisa de nós, das nossas habilidades, que vão bem além do que imaginamos.

Entendo que quando desenvolvemos a capacidade de enxergar a primavera da vida a gente tem capacidade de regenerar o tempo inteiro. De olhar para as coisas e ver o belo, a gente se torna um pouco mais abelha.

E quando conseguimos fazer isso o tempo inteiro, nós nos tornamos parte de um sistema. Ao ver o belo na natureza, nas atitudes do outro, nos acontecimentos, nós nos tornamos incrivelmente abelhas.

Essa capacidade de sentir, ver, experimentar as estações é bem, bem poderosa. O poder de florescer é o poder de se regenerar. E tanto um quanto o outro são de dentro para fora.

Primavera todos os dias

Uma planta que recebe estímulo externo para abrir não se mantém da mesma maneira nem com o mesmo esplendor das que fazem isso naturalmente. Em várias épocas da vida nós temos essa capacidade de ser primavera.

E a regeneração de que falo é fundamental para a mudança que queremos ser em nós mesmos. Pois não é a abelha que vem provocar a abertura da flor. É a abertura da flor que vem atrair a abelha.

Vou falar novamente da forma como entendo a Lei da Atração. Emitir o positivo atrai o positivo, transmitir o negativo atrai o negativo. O inverno foi uma estação de solidão, uma solidão coletiva. Cada um se recolheu na sua. Agora é a hora da explosão (também coletiva), em que vamos todos atrás das cores do outro.

Então, quando a gente se permite sair daquela solidão (que não é bem uma solidão, mas um período de busca interna) as coisas fluem. Isso acontece porque deixamos entrar o mesmo novo que agora somos capazes de compartilhar.

Meu filho de cinco meses e meio nasceu no outono. Mas ele é uma primavera, todos os dias. A cada manhã ele desabrocha, mostra o seu melhor, e muito me ensina. Todos os dias, ele é 100% presente na própria vida, na curiosidade de conhecer e experimentar esse mundo cheio de novo que o cerca. Dei a ele o título de meu Professor de Mindfulness, a consciência momento a momento, atenção plena ou calma mental.

Cada estação tem sua sabedoria. O outono nos pediu para desapegarmos do velho. O inverno nos mandou conhecer a nós mesmos. A primavera nos convida a gerar o novo. Que, com o calor, será multiplicado no verão. Mas isso é tema para o livro que vem chegando...

Obrigado a todos que leram este livro, ele próprio um florescer. Que você encontre a sabedoria para o novo. E espero que a cada dia, todos nós continuemos um passo mais próximos de enxergar o belo como a abelha.

E lembre-se: a abelha vê a flor, não vê o espinho. Quando o ser humano tiver a capacidade de entender que os espinhos são só parte de um aprendizado para se chegar às flores, aí ele terá encontrado sua própria primavera. Aí, será tempo de florescer.

Ouse Mudar-se. Ouse Florescer. Ouse ser sua própria Primavera.

INCLUA SUAS RESPOSTAS NO WWW.CASACOACHING.COM.BR

INCLUA SUAS RESPOSTAS NO WWW.CASACOACHING.COM.BR

INCLUA SUAS RESPOSTAS NO WWW.CASACOACHING.COM.BR

INCLUA SUAS RESPOSTAS NO WWW.CASACOACHING.COM.BR

Editora
LETRAMENTO
www.editoraletramento.com.br

CASA COACHING